EL LIDERAZGO ESCOLAR Y LA INTELIGENCIA EMOCIONAL

ANTE LA CRISIS SOCIAL

EL LIDERAZGO ESCOLAR Y LA INTELIGENCIA EMOCIONAL

ANTE LA CRISIS SOCIAL

BÁRBARA FLORES CABALLERO ED. D

Editora: Sonia Fontánez Díaz

Diagramación y Diseño de Portada:
Felipe Figueroa Arocho

Impreso en Puerto Rico por:
BiblioGráficas
205 Calle Federico Costa Ste 109
San Juan, PR 00918-1356
Tel. 787-753-3704
info@bibliograficas.com

CONTENIDO

Bárbara Flores Caballero

La Autora

La Dra. Bárbara Flores Caballero es una persona joven que apenas lleva diez años en el campo de la educación. En toda la trayectoria de su vida ha estado inmersa en trabajos de labor social, que le han traído a su mente serias inquietudes hacia la justicia social. Con la idea de que en algún momento de su vida podía hacer algo más allá de una labor comunitaria, se mantuvo informada sobre las diferentes teorías enfocadas a mejorar la calidad de vida de los ciudadanos. En el 2004, obtuvo su Bachillerato en Educación con una concentración en Matemáticas de la Universidad de Puerto Rico, Recinto de Río Piedras. Durante ese proceso de formación, hizo labor voluntaria en el Christian Elderly Home en Gurabo. Al egresar, comienza a trabajar en Saint Francis School como maestra de matemáticas. Al finalizar esta labor educativa, se le presenta la oportunidad de trabajar con la Editorial Norma, donde adquirió la experiencia de ofrecer adiestramientos a los maestros sobre diferentes estrategias de enseñanza con el uso de los libros como parte de sus funciones como promotora educacional. En esa experiencia de trabajo, se le solicita que adiestre al personal nuevo, le gustó tanto la experiencia que decide hacer una Maestría en Administración de Empresas en Recursos Humanos, la cual finalizó en la Universidad del Turabo en el 2007. Finalizada su maestría, trabaja en la Puerto Rico Baseball Academy, en Gurabo, por dos años consecutivos y en el Colegio Notre Dame, en Caguas por tres años, como profesora de matemáticas a nivel superior. En ese proceso, la Universidad del Turabo la contrata como profesora conferenciante y decide comenzar su doctorado en liderazgo educativo en el 2009.

En la Universidad del Turabo, entró a dictar cursos de matemáticas. Luego se le asignó los cursos de Metodología de la Enseñanza en Matemáticas y Evaluación, Medición y Assessment. Además, fue Supervisora de Práctica Docente en Educación Secundaria Matemáticas donde adquirió experiencia en evaluar los centros de práctica para ubicar a los estudiantes, orientarlos sobre sus deberes y responsabilidades; realizar visitas de exploración, seguimiento y evaluación a los estudiantes practicantes. Ofreció talleres en matemáticas para el examen de maestros PCMAS. Participó en las entrevistas y auditorías para la acreditación que ofrece el TEAC para el Programa Doctoral y Maestría de la Escuela de Educación de esta universidad. Para mantenerse al día en las prácticas investigativas, se matricula en un curso en línea, mediante el cual recibe una Certificación como Facilitadora certificada para la enseñanza de cursos en la modalidad a distancia y otra Certificación en Derechos de autor y Plagio. Se mantuvo activa, además, en varios comités de trabajo, como lo fue el Proyecto Comunitario realizado con el Hogar Siquem (Hogar Nuevo Mañana), ubicado en Juncos, en el cual se logró trabajar con nuevas alianzas y asociaciones que hicieron del proyecto uno de aprendizaje en servicio, el cual fue presentado como tal en la Semana Educativa de la Universidad del Turabo.

En el 2012, el Huertas College la contrata como Vicepresidenta de Planificación y Desarrollo, cuya función principal estuvo delineada en trabajar con la Presidenta, vicepresidentes y administradores de la institución en el proceso de la planificación estratégica. Adquirió experiencia en liderar el proceso de renovación de las licencias con el Consejo General de Educación y el Consejo Superior de Educación en Puerto Rico. Además, trabajó varios proyectos de la institución con la Middle States Commission on Higher Education (MSCHE). Participó del Taller Assessment A-Z: From Assessment Basics to Zeroing in on Using Assessment to Improve Teaching and Learning de MSCHE. Se le asignó como líder del Comité de Assessment y de Programas Nuevos del Huertas College.

En septiembre del 2013, termina su Doctorado en Educación en Liderazgo Educativo, con la defensa

iii

de su disertación doctoral *Prácticas en el liderazgo educativo y la inteligencia emocional: Una alternativa ante los retos sociales en las escuelas públicas de Puerto Rico*. En ese proceso investigativo, vio la oportunidad de su vida de hacer algo por los ciudadanos de su País, ya que vio en la Inteligencia Emocional una posible solución al grado de insensibilidad que prevalece en el ambiente, el cual es equivalente a problemas sociales, tales como hechos de violencia, intolerancia a la diversidad de ideas, criminalidad, conductas adictivas, discrimen, entre otras. De ahí surge la idea de crear este libro. Meta que estuvo en su mente, a pesar de que cuando defendió su disertación tuvo que emigrar a Estados Unidos a reunirse con su esposo, ya que en su cuadro de valores, la unidad familiar es básica y no podía dejar que su pequeña Victoria creciera sin la figura de su papá, quien está sirviendo en el ejército y le dio el espacio para que ella terminara el doctorado. En Estados Unidos, trabajó como voluntaria con la Cruz Roja Americana en el Womack Army Medical Center, en el área de educación del hospital y desarrollo del personal. Cuando regresa a Puerto Rico, en junio de 2014, para participar de los actos de graduación, la recibe una sorpresa, la Universidad del Turabo le hace un reconocimiento como estudiante distinguida del año a nivel doctoral de la Escuela de Educación en Liderazgo Educativo. En ese compartir con sus colegas, retoma su meta y de ahí surge esta propuesta que se plantea en las páginas de este libro: El liderazgo educativo y la inteligencia emocional ante la crisis social. Actualmente, ejerce como profesora de matemáticas en South View High School North Carolina.

Dedicatoria

Amalia Ramírez, mi más sincero respeto y admiración, por su gran desempeño, colaboración y compromiso como líder en el Sistema Educativo del Gobierno de Puerto Rico. Agradezco las experiencias vividas enmarcadas en la realidad social en la que nos encontramos inmersos, las cuales me sirvieron de gran inspiración y modelo a seguir.

Agradecimientos

Este libro fue posible por la colaboración de la Dra. Silma Quiñones, le agradezco todas sus aportaciones desde el punto de vista psicológico y educativo. A Sonia Fontánez por su entrega y dedicación en la edición de este libro y por todas sus recomendaciones y aportaciones, para que el resultado fuera de excelencia.

Dra. Rosita Puig gracias por sus valiosos consejos y por recordarme la importancia de escribir. A la Dra. Edna Oyola por haber creído en mí y haberme mostrado el camino con sus escritos y por todas sus atenciones.

Prólogo

Ante la crisis social que vivimos, tenemos el reto de encontrar soluciones que nos lleven a un futuro en el cual podamos dedicar nuestros recursos a la integración de adelantos científicos, al manejo de nuevos descubrimientos y nuevos horizontes. En la actualidad, nos dedicamos a reaccionar y a manejar todo lo que representa una amenaza a nuestras vidas y a nuestra salud mental. Hacemos para sobrevivir el embate de reacciones agresivas y emocionalmente violentas. Intervenir con las víctimas y victimarios es dar la lucha sin fin de apagar fuegos constantes. La intervención también necesita ser una preventiva, que forme ciudadanos que graviten en los valores de respeto, honestidad, integridad y empatía. Ciudadanos que sepan considerar al otro y entender que eso los hace más fuertes y no débiles.

La formación de estudiantes en el sistema escolar puede aportar a una población dedicada al crecimiento y desarrollo de todos. Tenemos la oportunidad de mostrar el camino hacia un futuro mejor basado en el bienestar de todos, en vez del de la supervivencia del más fuerte.

Las materias académicas deben estar acompañadas de la enseñanza de destrezas sociales interpersonales efectivas para lograr un ambiente que nutre, apoya y motiva. Con hablarlo y señalarlo no es suficiente. Las destrezas se aprenden a través de actividades que instruyen, promueven su utilización permitiendo la práctica y la corrección necesaria hasta el logro de su aprendizaje. No se puede exigir respeto si no se tienen las destrezas que permiten una solución respetuosa al conflicto. No se puede tan solo señalar lo que esta mal y lo que falta. Hay que mostrar las conductas y actitudes saludables y hay que enseñarlas.

El modelo que la autora propone está basado en el campo de las ciencias y en el campo de las organizaciones que promueven excelencia, crecimiento y la motivación para obtener el éxito. Comprobado que la inteligencia emocional es una alternativa real, la tarea es cómo integrarla al sistema escolar y así producir el cambio que ya sabemos es vital para lograr una sociedad estelar. La autora, quien ha sido parte del sistema, desde el sector privado y público y quien en su disertación tuvo la oportunidad de explorar a profundidad la experiencia de directores escolares, trae las guías que facilitan la transformación de planteles escolares que replican la crisis social, en unos que sean verdaderamente un foco de aprendizaje y crecimiento.

Lo ha visto, lo ha vivido, lo ha estudiado y ahora nos muestra el camino a la transformación. No hay duda de la crisis, de la necesidad de un cambio, aquí esta la guía de como lograrlo. En su sencillez esta la viabilidad de lograrlo. Es un modelo que puede aplicarse a cualquiera de los escenarios y deja espacios para la creatividad de todos los participantes para trazar las actividades que respondan a las particularidades de cada comunidad y plantel. Es un modelo que identifica los elementos claves y necesarios y que provee la estructura para lograr una cultura de inteligencia emocional en las escuelas.

Como psicóloga he tenido la oportunidad de intervenir con padres, maestros, estudiantes, directores, supervisores, y personas directa e indirectamente involucradas en las escuelas del País. En mi experiencia, he visto una gran preocupación por parte de la comunidad que en algunos se convierte en desespero, en otros coraje, apatía, y en otros, la motivación para explorar alternativas. Este modelo es una alternativa para todos que involucra a todos y que muestra el camino para lograr la transformación que nos devuelva la esperanza en nuestra gente.

Dra. Silma Quiñones
Psicóloga Clínica

Introducción

Los sistemas educativos de las diferentes naciones se han encaminado a proporcionarles a los estudiantes un proceso de enseñanza y aprendizaje con bases sólidas que les permitan integrarse a la sociedad de una forma exitosa. Todas las reformas escolares se dirigen a elevar las metas educativas para que los estudiantes cuando egresen sean más competentes. No obstante, si se fuera a evaluar la educación de un pueblo por las conductas manifiestas que impactan a las diversas sociedades, que rayan ya en crisis sociales, se podría indicar que la educación de los distintos sistemas educativos ha fallado. Ha fallado porque ha dejado el aprendizaje inmerso en los salones de clases y no se ha hecho la gestión para una educación donde todos los componentes educativos crezcan y construyan nuevos conocimientos que les ayuden a establecer relaciones sociales más efectivas para el bien común.

La crisis social y económica que se vive en los entornos sociales de las diferentes partes del mundo ha propiciado que los ciudadanos reclamen cambios estructurales que les ayuden a tener una mejor calidad de vida. En Puerto Rico, el cuadro que presenta los distintos medios de comunicación sobre los diferentes eventos que vive la sociedad no es nada halagador. Los ciudadanos se ven continuamente bombardeados por noticias que impactan y afectan su sistema emocional, lo que da margen a indicar que Puerto Rico atraviesa una crisis social. Uno de los problemas de mayor incidencia que confronta el País es la criminalidad. Los datos oficiales de la División de Estadísticas de la Criminalidad para el año 2013 reportaron 829 varones asesinados, 24 menores entre las edades de 0 a 17 años, 39 casos entre las edades de 18 a 19 años y en el caso de las féminas, 54 fatalidades (Policía de Puerto Rico, 2013). Hasta mayo del 2014, la División de Estadísticas de la Criminalidad lleva registrado 254 varones asesinados, 4 menores entre las edades de 0 a 17 años, 9 casos entre las edades de 18 a 19 años y en el caso de las féminas, 18 fatalidades (Policía de Puerto Rico, 2014).

A su vez, otro de los problemas que afecta al País es el de la salud mental. La Administración de Servicios de Salud Mental y Contra la Adicción (ASSM-CA, 2012) documentó que en Puerto Rico, entre las edades de 0-17 años de ambos sexos, hay 356 casos de trastorno bipolar, 272 casos de depresión mayor y 93 casos de esquizofrenia. Asimismo, existen otros problemas que drenan más a la sociedad como lo son la violencia doméstica y los suicidios. La División de Violencia Doméstica registró para el año 2013 un total de 12,171 incidentes reportados y en lo que va del año 2014, ya llegan a 4,569 los incidentes reportados (Policía de Puerto Rico, 2013-2014). En relación a los suicidios, en el 2013 las estadísticas reflejaron 274 suicidios y hasta mayo 2014, se habían registrado 79 casos (Policía de Puerto Rico, 2013-2014). Estas estadísticas marcan un profundo deterioro en el bienestar del País, deterioro que también se ha visto reflejado en el ambiente educativo.

En las escuelas públicas del sistema educativo de Puerto Rico, existe una incidencia de violencia e incidentes de bullying que es preocupante. La Directora del Programa de Trabajo Social Escolar del Departamento de Educación de Puerto Rico (DEPR) indicó que en el 2012, recibió 113 casos referidos por las diferentes escuelas. De estos, 71 fueron por agresiones físicas, 22 por agresiones verbales, 16 por situaciones emocionales y 4 por cyberbullying (Rivera, 2012). Sin embargo, la Especialista en asuntos éticos del Colegio de Profesionales de Trabajo Social, planteó en una vista pública:

> Son alarmantes los eventos de acoso escolar que, de manera verbal, en los medios de comunicación en el país salen a la luz, y que no existan estadísticas actualizadas sobre dichos eventos y que deja desprovistas a las agencias encargadas de la seguridad, el bienestar y la protección de los y las menores de establecer estrategias de prevención e intervención adecuadas para erradicar dicha conducta tan nociva (Banuchi, 2013).

De otra parte, el prólogo de la Ley Habilitadora para el Desarrollo de la Educación Alternativa de Puerto Rico, documenta que, de acuerdo a unas cifras del DEPR, para el año 2010-2011, la tasa de deserción osciló entre un 15% a un 20%, en función del cohorte que entró al noveno grado. Para el 2010, se calculó aproximadamente que 46,242 jóvenes entre las edades de 16 y 19 años no estaban matriculados en las escuelas, esto representa un 19.7% de la población de esas edades (Ley 213, 2012). A su vez, para el año 2013-2014, la tasa de deserción fue de 3,984 estudiantes. Estos resultados fueron enmarcados por ausencias excesivas, baja para estudiar en programa acelerado, bajas para estudiar en Home schooling, estudiante no se presentó a la escuela, paradero desconocido, entre otros (Planificación y Desarrollo Educativo, DEPR, 2014). Al mismo tiempo, se ha podido observar que se vive una crisis de deficiencia en el aprovechamiento académico, según lo demuestran los resultados de las Pruebas Puertorriqueñas de Aprovechamiento Académico (PPAA). Por ejemplo, en el año académico 2008-2009, 730 escuelas (48.6%) no cumplieron con las metas de proficiencia establecidas en las PPAA, mientras que para el año escolar 2009-2010 ese número aumentó a 943 planteles (62.8%). Para el año 2010-2011 el número aumentó a 1,277 escuelas, o sea, un 85.13% y para el 2012-2013, el 91% de las escuelas no cumplieron con los estándares (Portal del DEPR, s.f.).

De acuerdo a la información reseñada, tanto el ambiente social como el ambiente escolar no parecen ser seguros ni propicios para una convivencia sana, ni para lograr el éxito de los estudiantes a través del proceso de enseñanza y aprendizaje. De manera que, el reclamo del cambio que pide a gritos la ciudadanía debe ser escuchado. Este es un gran reto que enfrenta el País, el cual sugiere que el Gobierno debe plantearse la siguiente interrogante ¿qué gestión se puede hacer para que este panorama cambie? A su vez, ante el fracaso y las crisis de las instituciones educativas, el DEPR debe buscar la manera de documentar cuán preparados se sienten los directores escolares para lidiar con estas situaciones, cómo se pueden cumplir las metas educativas sin que esta crisis afecte el proceso de enseñanza y aprendizaje y cómo la escuela puede impactar a la comunidad escolar para provocar cambios sociales.

El cambio es un proceso natural que emerge muchas veces sin que el individuo se dé cuenta. En ocasiones, solo cuando evoluciona y se arraiga en la sociedad es que se comienza a establecer comparaciones con otros procesos históricos. En ese proceso natural, las escuelas como organizaciones sociales se han visto impactadas por los distintos cambios que se han suscitado. En el contexto socio-histórico en que operan las organizaciones, la administración educativa no solo requiere una práctica crítica individual y grupal para integrar las tareas y los procesos con la teoría, sino que requiere buscar nuevas estrategias para desarrollar nuevos conocimientos, mediante el aprendizaje de sus miembros y de las propias organizaciones (Rodríguez, 2001). El conocimiento y el aprendizaje se han convertido en las nuevas estrategias para las organizaciones que quieren ser efectivas en la nueva sociedad, en donde los conceptos, las ideas y las imágenes son los auténticos artículos con valor en la nueva economía, según lo establece Rifkin (2000).

El concepto cambio en las organizaciones se asocia a una modificación ocurrida en el entorno del trabajo, la cual representa un aspecto importante en la innovación de las organizaciones y en su capacidad de adaptación para responder a las diferentes transformaciones del medio ambiente interno o externo (Chiavenato, 2002). El cambio puede ser tipificado en tres dimensiones básicas: en el contexto, en el contenido y en el proceso. El cambio en el contexto, considera el cambio convergente y divergente. El cambio en el contenido, considera los cambios que se producen lenta y gradualmente (evolutivos) y aquellos que modifican los aspectos básicos de la organización como sus reglas y estructuras (revolucionario). Mientras que el cambio en el proceso puede ser tangible o intangible (Diez, Calvo & Díaz, 2004). El cambio, a su vez, es dinámico en forma y estable en proceso. Lewin (1951, en Robbins, 2009) enfoca el proceso del cambio bajo la Teoría de las Tres Etapas:

- Descongelación—la percepción de la necesidad de cambio y separación de ideas antiguas

- Movimiento—transición hacia pensar y desempeñarse de una nueva forma

- Recongelación—integración de lo aprendido a la práctica

En la etapa del movimiento, generalmente, existe una disminución en la productividad y eficacia del grupo, antes que alcance el balance o el equilibrio de la recongelación (Robbins, 2009).

De acuerdo a la información expuesta, el DEPR es la agencia llamada a propiciar el cambio social que requiere el País ante la crisis social que se vive. Este cambio social debe originarse y desarrollarse en las escuelas, mediante un liderazgo efectivo propiciado por el director escolar como líder educativo. La Teoría de las Tres Etapas de Lewin (1951) le brinda al DEPR la base para buscar alternativas viables que propicien un cambio escolar, encaminado a impactar a la sociedad para que tanto la escuela y la comunidad puedan convivir en ambientes más saludables y seguros. Visto de esta forma, la información citada sugiere que en la programación de estas tres etapas, el DEPR contemple:

- Etapa de Descongelación — Ante la percepción de que el País necesita un cambio, el DEPR debe auscultar nuevas estrategias que ayuden a eliminar las formas que se han utilizado y que no han producido resultados positivos.

- Etapa de Movimiento — El líder escolar debe propiciar que toda la comunidad de aprendizaje se dirija a trabajar con las nuevas estrategias para lograr el cambio, donde habrá una etapa de transición que requiere apoyo profesional, talleres profesionales y retroalimentación continua.

- Etapa de Recongelación — El DEPR y el líder escolar deben evaluar las nuevas estrategias que han dado resultado e incorporarlas a los procesos educativos de manera que se produzca el cambio.

La administración escolar debe esforzarse en lograr el cambio que requiere el País mediante objetivos claros que propicien la participación de todos los miembros de la organización y de la comunidad escolar. El cambio requiere de un liderazgo adecuado para que se desarrolle de manera eficaz y con éxito (Chiavenato, 2002). De manera que, el líder educativo tiene un papel protagónico en este proceso. Glickman, Gordon y Ross-Gordon (2001) les establecen responsabilidad a los directores escolares por el desarrollo del liderazgo en los maestros y de la comunidad escolar. Además, plantean que el liderazgo educativo se caracteriza por el desarrollo de destrezas interpersonales y de comunicación, entre estas: toma de decisiones, solución de problemas y establecimiento de metas. El director, además, debe dominar los conocimientos y las dinámicas que se pueden desarrollar para lograr escuelas efectivas, así como también, mantenerse al día sobre las investigaciones realizadas por diferentes teóricos que hayan sustentado la efectividad de las destrezas de liderazgos como precursoras de cambio. Finalmente, un líder educativo debe dominar destrezas de medición y evaluación de los procesos que requieren ser supervisados, como lo son las evaluaciones del proceso enseñanza-aprendizaje, el desarrollo de un clima positivo, el desarrollo del grupo de estudiantes y de la comunidad escolar, entre otros.

El papel del líder, en un proceso de cambio social, es esencial, ya que puede congregar y motivar a un grupo a un esfuerzo de cambio (Kotter, 1990). El éxito del cambio va a depender de la comunicación efectiva que propicie el líder escolar hacia un propósito común. Para que el cambio sea exitoso, Porras y Robertson (1995 citados por García et al. 2007, en

García 2011) establecen que en la planificación del mismo, se consideren ciertos aspectos:

- Debe ser motivador
- Facilitar una visión compartida
- Tener respaldo político
- Incluir la participación de los empleados
- Tener conciencia de la necesidad de modificar normas y procedimientos para ser más efectivos

Una de las estrategias que tiene a la mano el DEPR, para iniciar y desarrollar el cambio social, es a través de las competencias que fomenta la Inteligencia Emocional. A pesar de que la Inteligencia Emocional ha sido estudiada por varios investigadores, se considera que Goleman (1995) fue quien primero definió el término, como "una meta-habilidad que determina el grado de destreza que podemos conseguir en el dominio de nuestras otras facultades" (p. 68). Goleman le establece a este paradigma dos categorías de inteligencia personal: las competencias personales y las competencias sociales y ambas son complementarias la una de la otra. Por esto es que el concepto ha tenido buena acogida, ya que el conocimiento y las emociones se interrelacionan y explican los distintos niveles de éxito en diversos ambientes. El líder escolar debe dominar competencias que le ayuden a servir como modelo entre la comunidad escolar. Según Goleman (1998), estas incluyen:

- La capacidad de reconocer sus propios sentimientos y los ajenos.
- La capacidad de auto-motivarse y de manejar bien las emociones.
- El manejo exitoso del trabajo en equipo.
- El establecimiento de metas y una organización efectiva para lograr las mismas.
- El desarrollo de su potencial y el de las personas con las que interactúa.

En las competencias que promueve la Inteligencia Emocional, el líder se involucra y crece junto a los miembros de la organización. Es por eso que el desarrollo de las destrezas personales, de auto-conciencia, de auto-control y de auto-motivación, son básicas para lograr la empatía y las habilidades sociales. El líder es una pieza más dentro del componente y cada pieza debe estar entrelazada con las otras piezas para el éxito de la organización. El DEPR puede adscribir el desarrollo de estas competencias a las escuelas, a través del paradigma comunidad escolar para fomentar el aprendizaje cooperativo de todos los componentes. Es así que, los líderes educativos tienen como herramienta el paradigma de comunidades de aprendizaje para trabajar con las competencias que promueve la Inteligencia Emocional. El Dr. Weinsinger (en Zunni, 2011) expone: "La inteligencia emocional es útil en tiempos de bonanza, e imprescindible en tiempos de crisis" (p. 1). La Inteligencia Emocional es esencial para el logro del progreso de la sociedad y de los individuos que la componen. Ante la crisis social que se vive, la Inteligencia Emocional es tan crucial para el futuro de las próximas generaciones, como para la preparación académica. Cuando el líder educativo contribuye al desarrollo de las personalidades de los estudiantes, ayuda, a su vez, a transformar la sociedad hacia la búsqueda de la paz y unión mundial. El líder educativo deberá ser un ente activo que promueva el desarrollo de los maestros, el de los estudiantes y el de toda la comunidad para lograr transformar la sociedad.

Capítulo I

PANORAMA DEL ROL DEL DIRECTOR EN EL SISTEMA EDUCATIVO DE PUERTO RICO

Las responsabilidades de los directores de las escuelas públicas de Puerto Rico provienen del marco legal por el cual se dirige el Departamento de Educación de Puerto Rico (DEPR). Las disposiciones de estas leyes le establecen responsabilidad al DEPR para que la legislación se cumpla y el DEPR delega en los directores estas responsabilidades. Con el fin de propiciarles un entendimiento de sus funciones y facilitarles sus ejecutorias, el DEPR diseñó un perfil donde se describen las características que deben exhibir estos directores para lograr escuelas exitosas. No obstante, en el proceso de ejercerlas, los directores han confrontado diferentes situaciones personales y organizacionales que les han impedido cumplir a cabalidad con lo que se espera de ellos.

Funciones del Director Escolar

El sistema educativo de Puerto Rico se rige por un sinnúmero de diferentes leyes estatales y federales, a los fines de establecer las bases hacia dónde dirigir la educación para todos los estudiantes. En relación a las leyes estatales, la ley que establece la política pública del País, respecto a la educación, lo es la *Ley 149 del 15 de julio de 1999*, Ley Orgánica del Departamento de Educación de Puerto Rico. La Constitución de Puerto Rico se utilizó como base en la declaración de propósitos de esta Ley, donde queda debidamente establecido el derecho de toda persona a una educación que propenda al pleno desarrollo de su personalidad y al fortalecimiento del respeto de sus derechos y las libertades fundamentales del hombre, donde el Gobierno debe establecer un sistema de educación pública libre, sin ninguna inclinación sectaria y gratuito en los niveles primario y secundario (Ley 149, 1999, p. 5). La declaración de propósitos está fundamentada bajo tres premisas básicas:

1. El estudiante es la razón de ser del sistema educativo y el maestro su recurso principal.

2. La interacción entre estudiantes y maestros constituye el quehacer principalísimo de la escuela. Las demás actividades escolares, independientemente de su índole, se justifican solo cuando facilitan la docencia, mejoran la gestión educativa o fortalecen los servicios de la escuela y la comunidad.

3. Las escuelas pertenecen a las comunidades que sirven y estas deben participar en su gobierno.

Para cumplir con los propósitos establecidos, se le adscribe al director escolar la responsabilidad de ayudar a sus alumnos a desarrollar unos objetivos específicos. Entre estos objetivos, la *Ley 149* (1999) dispone:

1. Desarrollar una noción dinámica del tiempo histórico y el espacio geográfico en que viven.

2. Crear conciencia de las leyes o principios que rigen la naturaleza, captar la armonía de esta y desarrollar actitudes de respeto a la vida y al ambiente.

3. Desarrollar una conciencia sana y positiva de su identidad en los múltiples aspectos de su personalidad y desarrollar actitudes de respeto hacia sus semejantes.

4. Enfrentar situaciones de conflicto entre los deseos personales y los imperativos del orden social. Pensar y actuar con autonomía y aceptar la responsabilidad de sus decisiones.

El rol de la escuela, en ese sentido, va mucho más allá que un proceso de enseñanza y aprendizaje de las diferentes materias. Los objetivos son claros en que la escuela debe colaborar para que el estudiante se conozca a sí mismo, desarrolle competencias para manejar las emociones y pueda establecer buenas relaciones con sus compañeros de escuela, a los fines de poder integrarse a la comunidad escolar con una visión colectiva de bienestar social.

En la *Ley 149*, se decretan también las funciones que debe ejercer el director de escuela. Esta ley establece responsabilidad al director de fomentar la participación de los padres, maestros, estudiantes y la comunidad; planificar, dirigir, supervisar y evaluar todas las actividades docentes de la escuela; mantener un clima institucional que promueva la seguridad; evaluar la efectividad del proceso de enseñanza y aprendizaje, entre otras. Estas responsabilidades significan que el líder educativo está a cargo del área académica,

3

fiscal y administrativa de un plantel escolar. Todas estas funciones colocan al director de escuela en un rol de liderazgo que, de ser efectivo, tiene la posibilidad de crear unos cambios significativos en su comunidad y en el futuro del País. El impacto de las ejecutorias del director escolar no tan solo es en el plantel o en el salón de clases, sino que tiene también la oportunidad para encaminar la vida de los estudiantes, la de los padres y familiares y la de la comunidad que gravita alrededor de su escuela. El alcance del mandato es mucho más que el de una agenda educativa que gire alrededor del aprendizaje de unas materias académicas.

A su vez, el DEPR se ha regido desde el 2002 hasta el 2014 por la ley federal *Ley 107-110*, No Child Left Behind (NCLB, 2001), firmada por el ex -Presidente de los Estados Unidos, George W. Bush (DEPR, 2003). Esta Ley surgió a base de una reestructuración que se hizo del Acta de Educación de Escuelas Elementales y Secundarias (ESEA, 1965), ya que un comité designado examinó diferentes informes de las ejecutorias de los estudiantes y estos informes reflejaron un sostenido descenso en los logros académicos, lo cual sugería el establecer unos estándares académicos más altos. La ley NCLB (2001) estableció un mandato para aumentar los logros de todos los estudiantes mediante estándares de proficiencia. La Ley NCLB (2001) establece como meta principal el garantizar que todos los estudiantes de los Estados Unidos y de Puerto Rico reciban una educación de alta calidad. En sus estatutos, esta ley establece cuatro principios básicos: (a) responsabilizar a las escuelas por los resultados;

(b) dar flexibilidad a los estados y a los distritos sobre cómo gastar los fondos federales; (c) usar la investigación científica para guiar las prácticas de enseñanza; y (d) fomentar la participación activa de los padres. Al tomar como base estos estatutos, esta ley requirió un mayor énfasis en la fiscalización de los recursos, la administración anual de pruebas estandarizadas alineadas a los estándares, el cumplimiento de un progreso anual adecuado, tener maestros altamente cualificados y un mayor poder de los padres en la toma de decisiones.

Dentro de estos parámetros establecidos, cada estado debía definir el progreso anual adecuado-conocido (AYP, por sus siglas en inglés) en los distritos escolares y en las escuelas. A medida que fue implantándose esta Ley, los parámetros de proficiencia por materias a evaluarse fueron aumentando. Este aumento ocasionó que los diferentes estados, incluyendo a Puerto Rico, no pudieran lograr un mejor rendimiento de sus estudiantes. Cuando las estadísticas reflejaron que los diferentes estados no estaban cumpliendo con el rendimiento de cuentas requerido, en un intento por apoyar la reforma de educación, el Presidente Barack Obama, presentó alternativas para que los estados pudieran obtener alivio de las estipulaciones de la ley NCLB (2001). El pronunciamiento del Presidente Obama fue el siguiente:

> Para ayudar a los estados, distritos y escuelas preparadas para seguir adelante con la reforma de educación, nuestra administración proporcionará flexibilidad de la ley a cambio de un compromiso real de

emprender cambios. Esta iniciativa no tiene por finalidad dar a los estados y los distritos una exención del rendimiento de cuentas, sino desencadenar energía para mejorar nuestras escuelas a nivel local.

A esos efectos, los estados podían solicitar flexibilidad con respecto a mandatos específicos de la ley, los cuales estaban afectando la reforma de educación. A cambio de recibir esta flexibilidad, los estados debían comprometerse a dirigir a los estudiantes, maestros y escuelas a un sistema alineado con normas de preparación universitaria y de carrera para todos los estudiantes. El Plan de Flexibilidad cobró vigencia en los diferentes estados en el año escolar 2011-2012 y tendrá un impacto de crecimiento en años subsiguientes (United States Government, 2009). A Puerto Rico se le concedió el derecho a acogerse al Plan de Flexibilidad en las postrimerías del año escolar 2012-2013. El Departamento de Educación, al inicio del año escolar 2013-2014, comenzó a orientar a los directores de todas las escuelas del País sobre el Plan de Flexibilidad y las estipulaciones que este establece.[1]

En el marco legal, la Ley 149 (1999) y la ley NCLB (2001) son las leyes que más exposición han

---

[1] Al momento de escribir este libro, no se ha podido contactar un manual oficial que desglose el alcance de este Plan de Flexibilidad en Puerto Rico. Dentro de ese marco, solamente se pudo acceder al *Manual de Procedimientos para la Administración de Servicios de Tutorías del Programa de Estrategias Educativas Complementarias* (DEPR, 2014) que el Departamento de Educación adelantó, ya que las horas establecidas para ofrecer las tutorías y la contratación de los servicios sufrieron enmiendas bajo el Plan de Flexibilidad, las cuales cobraron vigencia a partir del año 2014.

tenido dentro y fuera del DEPR. Sin embargo, hay otras leyes estatales y federales que establecen disposiciones para el sistema educativo de Puerto Rico. Dentro de ese espectro, están las leyes que regulan el Programa de Educación Especial. La *Ley Núm. 51* (1996) es la ley estatal vigente, la cual garantiza la prestación de servicios educativos integrales para personas con impedimentos. Dentro de las leyes federales, está la Ley Carl D. Perkins (2006), la cual establece que la población de impedidos reciba educación vocacional y la Ley IDEA (1990), la cual dispone el derecho a una educación pública y gratuita para los niños y jóvenes con impedimentos. Asimismo, la Ley ADA (1990) garantiza que esta población se integre a la sociedad a través del derecho de acomodo razonable. A su vez, la Ley IDEIA (2004) decreta el derecho de las personas con impedimento a estar preparadas y educadas, para lograr la mayor independencia en las áreas de empleo, vida independiente y experiencias de la comunidad. A los efectos de cumplir con las disposiciones de todas estas leyes, el DEPR ha establecido reglamentación en los diferentes manuales de educación especial desde el 1988 hasta el 2004. En el 2008 el DEPR preparó otro manual, pero todavía permanece como un borrador. El Manual de Procedimientos de Educación Especial (DEPR, 2004) es el que utilizan las diferentes escuelas de Puerto Rico como guía para atender a los niños y jóvenes que estén debidamente registrados y evaluados para recibir los servicios de acuerdo a sus necesidades de impedimento. En este manual se le adscribe al centro escolar veinticuatro (24) funciones, de las cuales se espera que el director se

7

responsabilice (DEPR, 2004). Las responsabilidades administrativas que, de acuerdo a este manual, el director debe responder se resumen así:

- Conocer las diferentes leyes que cobijan el Programa de Educación Especial y divulgar las mismas mediante orientaciones a la comunidad escolar.

- Preparar el registro oficial de cada niño o joven que presente alguna condición física, mental o emocional que limite o interfiera con el desarrollo (0-2 años) o la capacidad de aprendizaje.

- Coordinar o realizar las evaluaciones iniciales de cada niño o joven registrado a través de los recursos identificados por la Unidad de Evaluación, corporaciones contratadas o la Unidad de Remedio Provisional.

- Coordinar y realizar las evaluaciones adicionales o reevaluaciones de los niños o jóvenes en áreas de especialidad, de acuerdo a sus necesidades.

- Coordinar la redacción del PEI inicial de los estudiantes ubicados en escuelas públicas con los miembros del COMPU, el cual debe presidir.

- Coordinar los servicios relacionados de terapias, necesarios para los niños o jóvenes con impedimentos en y fuera de la escuela.

- Realizar el trámite de las compras de diversos

8

bienes y equipos de los estudiantes de educación especial.

• Coordinar adiestramientos con los facilitadores docente a nivel del distrito escolar para que orienten a los maestros.

• Recopilar y mantener actualizada la información estadística relacionada con los estudiantes que reciban servicios y aquellos con necesidades de servicio en la región.

• Colaborar en el proceso de monitorias en los distritos y escuelas de la región.

• Investigar las querellas y brindar posibles soluciones que proyecten la solución.

• Comparecer a vistas administrativas y otros foros que así lo requieran, en los casos de querellas por el servicio.

Al hacer un análisis de estas responsabilidades que recaen en un director escolar, mediante las diferentes leyes, las mismas reflejan que en las escuelas públicas de Puerto Rico existe un liderazgo que responde a la jerarquía administrativa del DEPR, con las cuales se satura al director escolar con una gran cantidad de funciones. Little, (2003, en Ortega, 2012) documentó que los líderes actuales en educación no están preparados para solucionar efectivamente los retos que se les presentan a lo largo del camino en la mejora de las escuelas debido a la gran cantidad de responsabilidades que se le designa a un director de escuela. A su vez, estos retos van en aumento debido a la complejidad de las organizaciones escolares, al deterioro de la disciplina en el aula, a la escasa colaboración del profesorado, a la multiplicidad de tareas, a la poca autonomía en el desempeño, al poco reconocimiento por parte de los supervisores, al bajo nivel de motivación y a la necesidad de apoyo (Ortega, 2012).

Perfil del Director Escolar

La Ley 149 (1999) establece que el director de escuelas será el funcionario responsable del desempeño académico y administrativo de la escuela. Esta posición requiere que el director de escuelas posea destrezas gerenciales y destrezas como líder educativo (Aragunde, 2008). En un proceso de consulta, con diferentes personas del quehacer educativo, el Instituto de Capacitación Administrativa y Asesoramiento a Escuelas (ICAAE, 2008) preparó el *Perfil del Director de Escuela del Departamento de Educación Pública de Puerto Rico*, el cual es respaldado por el DEPR y está vigente. En este Perfil se detallan las destrezas que debe reflejar un director de escuelas en cinco dimensiones básicas a sus funciones: (a) como planificador y evaluador, (b) como líder educativo, (c) como líder organizacional, (d) como líder administrativo y (e) como líder ético. El documento debe servir de referencia para que los directores conozcan cuáles son las expectativas que tiene el DEPR en relación al desempeño de sus funciones y para que lo utilicen como punto de partida para su desarrollo profesional a los fines de lograr mejores escuelas y un mejor desempeño de los estudiantes (Aragunde, 2008).

Las destrezas del director como planificador y evaluador se orientan bajo un objetivo general a los fines de que este facilite y dirija, junto a su equipo de trabajo, la elaboración de planes de acción fundamentados en las metas y objetivos propuestos y considere los procesos evaluativos como medio para tomar decisiones que contribuyan a mejorar el aprendizaje. En la dimensión de ese objetivo general, se describen las características específicas que debe reflejar ese director:

- Articula e implanta, junto a su Comité de Planificación, el Plan Comprensivo de su escuela, a base de los insumos obtenidos de todos los miembros de su comunidad escolar y lo fundamenta en expectativas altas para sus estudiantes.

- Evalúa el logro de las metas y objetivos y utiliza los resultados como base para mejorar las áreas de funcionamiento que impacten el aprendizaje.

- Evalúa el personal bajo su supervisión e identifica sus fortalezas y necesidades y utiliza los resultados para fomentar su desarrollo profesional.

La perspectiva general de las destrezas del director como líder educativo, se dirige a que este director promueva el logro de los estándares y las expectativas identificadas para cada asignatura, establezca expectativas altas para sus estudiantes y propicie su logro a través de la actualización curricular, la promoción de estrategias efectivas de enseñanza y el desarrollo profesional del maestro. Hacia esos fines, el perfil del director debe reflejar las siguientes características:

- Conoce y comunica las normas curriculares que rigen el programa educativo de su escuela.

- Promueve el enriquecimiento curricular como un medio para actualizar el contenido y hacerlo pertinente a los estudiantes de su comunidad escolar.

- Propicia la utilización de diversos métodos para evaluar el aprovechamiento académico de los estudiantes.

- Propicia el desarrollo profesional del maestro como un medio para lograr un mejor aprovechamiento académico de los estudiantes.

- Promueve los servicios al estudiante como una forma de mejorar el área personal y académica de los alumnos.

- Reconoce la importancia de ofrecer servicios educativos a la comunidad a la cual sirve.

En relación al perfil del director como líder organizacional, la característica general se enfoca a que el director propicie un clima organizacional adecuado. Esa característica se traduce a que el director considere los procesos que sustentan el mejoramiento de la calidad educativa, tales como: relaciones adecuadas y comunicación efectiva, ambientes de aprendizajes seguros y ordenados, excelencia en los servicios académicos y buenas relaciones con la comunidad. De manera que en su perfil, el director debe reflejar las siguientes características:

- Propicia el desarrollo de una comunidad de aprendizaje donde impere la reflexión, el respeto y la comunicación efectiva entre sus diversos componentes.

- Establece y modela prácticas de trabajo y convivencia pacífica, que ofrecen seguridad y protección a todos los miembros de la comunidad escolar, propiciando una cultura de aprendizaje favorable a todos los estudiantes.

- Promueve relaciones efectivas con la comunidad a la cual sirve su escuela.

Como líder administrativo, la característica general que resume el perfil del director en ese aspecto, lo es el conocimiento que este tiene de la situación de su escuela y la pericia que utiliza para resolverla, mediante el uso de procedimientos de trabajo organizado y fundamentados en las leyes, reglamentos y cartas circulares que rigen el Sistema Educativo. Las características específicas que forman parte del perfil del director como líder administrativo son las siguientes:

- Demuestra conocimiento de la política pública por la cual se rige el DEPR.

- Demuestra conocimiento en torno al manejo del tiempo y de los procesos para organizar efectivamente su labor, lo que facilita los procesos administrativos en su lugar de trabajo.

- Facilita a la comunidad escolar los servicios

y recursos con los que cuenta la escuela, de acuerdo a la política pública del DEPR.

- Conoce y participa de los procesos establecidos para que su escuela cuente con los recursos humanos y físicos que se requieren para el buen funcionamiento del plantel escolar.

- Mantiene actualizada y accesible toda la información relacionada a su escuela y utiliza mecanismos para divulgarla a la comunidad escolar.

- Conoce y utiliza la tecnología para hacer más efectiva y ágil su labor.

Finalmente, la característica general de un director como líder ético se refleja cuando guía su trabajo a base de los principios y reglas morales que regulan el comportamiento y las relaciones humanas en su profesión y demuestra compromiso con su desarrollo profesional. Esta característica significa que en su perfil el director muestra las siguientes características:

- Adopta y garantiza el cumplimiento de los estándares éticos y de derechos humanos establecidos en el desempeño de su profesión.

- Utiliza diversos recursos para mantenerse actualizado y mejorar sus conocimientos dentro de su profesión.

Si se hace un análisis de las características del perfil del director escolar, delineadas por el ICAAE (2008), se puede indicar que las mismas responden a una ampliación de sus funciones, donde el director demuestra con sus ejecutorias sus competencias como planificador y evaluador, como conocedor del proceso de enseñanza y aprendizaje en la organización escolar y sus destrezas en los aspectos administrativos, basados en principios éticos. Dentro de ese perfil, las características que más responden a la escuela de la comunidad y al liderazgo escolar, que establece la *Ley 149* (1999), son las del perfil del director como líder organizacional, ya que el aprendizaje se saca fuera del aula escolar y toda la comunidad participa de ese proceso.

Las áreas reseñadas del perfil del director de escuela, a su vez, son cónsonas con lo que establece la National Comission for Accreditation of Teacher Education (en Castillo, 2005) cuando define el liderazgo administrativo en la educación, como el conocimiento, las destrezas y atributos que posee sus dirigentes para entender y mejorar la organización, implantar planes operacionales, manejar los recursos fiscales y aplicar procesos y procedimientos administrativos descentralizados. De acuerdo a Castillo (2005), esta definición ofrece cuatro áreas principales de las funciones del director de escuelas:

- Entender y mejorar la organización—El líder tiene la responsabilidad de conocer profundamente a su institución. Quizás esta sea una de las tareas más difíciles de la gestión administrativa, ya que esto implica conocer bien el pasado, presente y futuro de la organización, conocer las fortalezas y debilidades de los recursos humanos y las necesidades e intereses tanto del personal

15

como de los que reciben el servicio que ofrece. La escuela como institución formal debe producir cambios e innovaciones que sean producto de una planificación estratégica para el mejoramiento de la institución. Esta gestión hace que el proceso de cambio sea uno deseable, necesario y que permita a la escuela el mantenerse en un rol pro-activo ante las demandas de la sociedad.

* Implantar planes operacionales — El líder de una escuela debe velar por la operación diaria y el logro de los planes operacionales a corto y a largo plazo de la escuela. Esta tarea es monumental, pues tiene que administrar el tiempo, el espacio físico y los recursos humanos y fiscales para lograr la implantación y desarrollo de las aspiraciones trazadas para cada año académico. Por tal razón, deberá estar viabilizando continuamente el logro de los planes de los maestros, el personal de apoyo, los padres y los estudiantes.

* Manejo de los recursos fiscales — Las tendencias contemporáneas en la administración se mueven continuamente hacia el logro de una mayor autonomía en la administración de las instituciones. Este cambio produce una nueva forma de hacer las cosas en las escuelas, muy en particular en la forma en que se toman las decisiones en la escuela. La nueva visión sobre este particular y la implantación de todos estos procesos presentan un gran reto

para las escuelas en Puerto Rico, ya que la administración de base, la autonomía y el apoderamiento deben fomentar la toma de decisiones compartidas y la participación activa de toda la comunidad.

- Aplicación de procesos y procedimientos administrativos descentralizados — Una de las tendencias administrativas de mayor auge en los últimos años es la de descentralizar las instituciones educativas. Esta descentralización provoca una gerencia de base y estimula a los miembros de la escuela a compartir las responsabilidades y el ejercicio del liderazgo para desarrollar las estrategias gerenciales adecuadas que les permitan desarrollarse al máximo.

El análisis que hizo Castillo (2005) del cambio gerencial que produce una escuela de la comunidad lo planteó desde el punto de vista de un liderazgo compartido:

> El liderazgo administrativo en este nuevo paradigma plantea la transformación de las escuelas en comunidades donde todos los miembros participen constructivamente en la toma de decisiones. La escuela del nuevo siglo habla de comunidad de aprendices, participación colaborativa y toma de decisiones compartidas en todos los aspectos educativos. Habla de apoderamiento de los maestros y de los estudiantes, de trabajo en equipo, autonomía y sobre todo, de una

nueva forma de llevar a cabo las gestiones administrativas de la escuela. El director de escuelas tiene ante sí el gran reto de cultivar efectivamente la comunicación a través de su crecimiento personal y profesional, cobrando conciencia de que la comunicación es esencial para establecer los lazos de colaboración necesarios para mantener el desarrollo continuo de las escuelas.

Como se ha podido observar, el director escolar responde a múltiples funciones provenientes de diferentes leyes. Sin embargo, el DEPR ha sido previsor al establecer en su perfil las diferentes estrategias que puede ejecutar que le permiten convertirse en un líder educativo y administrativo exitoso. Con estas estrategias el director queda bien documentado sobre lo que el DEPR espera de él en el cumplimiento de sus funciones. Tal y como se desarrolla ese perfil, es como si se asociaran los conceptos liderazgo y administración como si fueran términos iguales. Lo cual sugiere que este perfil del director requiere ser fortalecido en la parte de liderazgo, específicamente, el liderazgo educativo. En su libro *A force for Change: How leadership differs from management*, Kotter, (1990) establece que son conceptos diferentes. Una buena administración genera orden y consistencia al estructurar planes de trabajo, diseñar estructuras rígidas para la organización y observar los resultados en relación a los objetivos trazados en los planes de trabajo. El liderazgo se refiere a tratar con el cambio, por lo tanto los líderes establecen la dirección a través de una visión de futuro y atemperan a las personas al comunicarles esta visión con el fin de inspirarlas para que superen los obstáculos (Kotter, 1990). A pesar de que son conceptos completamente diferentes, Kotter (1990) indica que ambos se complementan. Es decir, una administración no es efectiva si no hay un buen liderazgo. La administración sin liderazgo puede convertirse en una rígida y burócrata, mientras que un liderazgo fuerte, puede resultar demasiado cambiante si no tiene un sentido de dirección. Por lo tanto, es importante determinar la situación que vive la organización para establecer cuál tiene prioridad. Kotter (1990) recomienda que, en épocas estables o de prosperidad, un grado de liderazgo con una administración fuerte puede ser una combinación ideal; sin embargo, en épocas de crisis o de caos, un fuerte liderazgo unido a un grado limitado de dirección es más beneficioso para la organización.

Barreras que Confronta el Director Escolar

La Ley 149 (1999) y las diferentes leyes estatales y federales, por las cuales el DEPR debe regirse, le establecen al director escolar múltiples roles que se espera que cumpla a cabalidad para lograr una escuela exitosa. En el desempeño de estos roles, su primer deber es facilitar el proceso de enseñanza aprendizaje a todos los estudiantes, de acuerdo a sus necesidades específicas y todas las demás acciones deben ir dirigidas a que se cumpla esa meta (Ley 149, 1999). El segundo aspecto importante son las prácticas de liderazgo que utilice encaminadas a involucrar a toda la comunidad escolar para favorecer el aprendizaje de todos y pueda obtener logros positivos en el proceso de enseñanza aprendizaje y las metas trazadas en el Plan Comprensivo de la escuela. De hecho, Quintero (2010) destaca el liderato del director como uno de los atributos que incide en el éxito de la comunidad de aprendizaje. Asimismo, en la investigación de Leithwood, Harris y Hopkins (2008) se demostró que el liderazgo es el segundo factor más importante, después del proceso de enseñanza aprendizaje.

El cambio que ha generado la escuela de la comunidad, requiere que el director escolar haya recibido una formación universitaria alineada a las funciones que debe ejercer en el ambiente escolar. Además, el director escolar debe mantenerse al día sobre los cambios que surgen en prácticas administrativas y de liderazgo para poder cumplir con sus responsabilidades debidamente documentado. El fortalecimiento de su conocimiento puede adquirirse a través de talleres profesionales, cursos de educación continua, redes de apoyo entre colegas y otras fuentes disponibles. Por otro lado, para que el director pueda propiciar un proceso educativo de excelencia, debe contar con los recursos humanos necesarios que le sirvan de apoyo en sus funciones y con los recursos fiscales que le permitan planear con tiempo la adquisición de equipo y materiales de acuerdo al estudio de necesidades, previamente realizado.

La preparación universitaria que recibe un director escolar debe sentar las bases del conocimiento y del desarrollo de destrezas que le ayuden a cumplir con las funciones que se le son requeridas a través de las diferentes leyes ya mencionadas. Cuando un director entra por primera vez a dirigir una escuela, el DEPR, o su representante, debe auscultar el dominio del conocimiento y destrezas que domina ese director para poder ejercer sus funciones y en qué aspectos necesita mejorar. Una vez el DEPR haya recogido las fortalezas y debilidades de la base formativa de ese director, debe fortalecer el conocimiento y destrezas adquiridas por medio de talleres intensivos de desarrollo profesional o encaminarlo a tomar cursos de educación continua, según sea el caso. El estudio de Castillo y Piñeiro (2006) documentó que una preparación adecuada, junto a actividades de desarrollo profesional podría mejorar con el tiempo el juicio de la autonomía existente. Por lo cual, estos investigadores sugirieron que debido al cambio de las funciones del director escolar, los cursos universitarios deben enfatizar tanto la teoría y la práctica para que ese futuro director cuando entre a desempeñar sus funciones domine las prácticas administrativas, docentes y de liderazgo.

El desempeño de todas las funciones, que se le han adscrito a un director por las diferentes leyes, representa un reto para este, ya que en la mayoría de las ocasiones, se le hace difícil establecer un balance adecuado entre el proceso de enseñanza y aprendizaje, el liderazgo educativo y las responsabilidades de gestión administrativa. En diferentes investigaciones, tanto a nivel local como a nivel internacional, una gran cantidad de directores han manifestado que muchas veces el liderazgo educativo es descuidado, ya que no tienen tiempo para dedicarle a la docencia. Lunenburg y Ornstein

21

(2004) apuntan que los directores de escuelas se enfrentan a múltiples demandas competitivas, lo que trae como consecuencia que el tiempo que le debe dedicar a la supervisión del proceso de enseñanza-aprendizaje en la sala de clases es muy limitado. En la misma línea de pensamiento, Fullan (2001) indica que a los directores se les asignan un sinnúmero de tareas administrativas, lo que en ocasiones les imposibilita brindarle asistencia técnica al personal. Esta situación puede provocar desmotivación del personal, lo que podría afectar su desempeño en el proceso enseñanza aprendizaje (Ortega, 2012).

El Instituto de Investigación de Ciencias de la Conducta de la Universidad de Puerto Rico llevó a cabo una investigación durante el año escolar 2007-2008 sobre el perfil de los directores escolares donde consideraron varios aspectos. Uno de los temas estudiados fue el porqué dejarían su trabajo los directores de escuela. Los hallazgos de ese estudio indicaron que el 34% de los directores entrevistados identificaron la política y la burocracia como factores principales para renunciar al trabajo. Las otras razones evaluadas obtuvieron los siguientes por cientos: poco salario y prestigio, 29.3%; exigencias irracionales, 28%; falta de recursos, 13.9%; disciplina/violencia, 9.1%; y poco o ningún esfuerzo por parte de los estudiantes, 2.3%. En esta investigación, además, se evaluaron las responsabilidades, expectativas y reglamentos que definen la posición de un director de escuela. Los hallazgos mostraron que los directores perciben que tienen muchas más responsabilidades de las que indica la plaza bajo la *Ley 149* (1999). De acuerdo a estos directores, la mayoría de las tareas agregadas son de naturaleza administrativa, lo que les impide desempeñarse como quisieran en el proceso de enseñanza aprendizaje. El 96% de los directores estuvo de acuerdo o muy de acuerdo que habían experimentado un aumento en sus responsabilidades sin haber recibido los recursos necesarios para cumplir con ellas. Asimismo, en la investigación se evaluaron los problemas o barreras que confrontan los directores en las escuelas. Los hallazgos reflejaron lo siguiente: (a) insuficiencia de fondos, 40.3%, (b) falta de padres comprometidos y cooperadores, 24.5%, (c) problemas con la infraestructura, 24.1%, (d) falta de maestros comprometidos y dedicados o poca calidad de maestros, 21.9% y (e) falta de estudiantes comprometidos y motivados, 16.6% (Fundación Flamboyán, 2010).

El estudio *Cambio de roles de los directores de escuela*, de Castillo y Piñeiro (2006), en el que participaron 905 directores de escuelas de Puerto Rico, demostró que los tres problemas principales que no facilitan el desempeño de un director son: (a) el exceso de trabajo administrativo (como informes y otra papelería), (b) la falta de personal administrativo y (c) el absentismo de los maestros. En relación a la preparación universitaria, la mayoría de los directores de ese estudio indicó que la preparación académica que recibió fue regular o adecuada y para sentirse mejor preparados recomendaron que las universidades deben añadir a sus programas todo lo relacionado a la autonomía docente, cómo allegar fondos externos al presupuesto y cómo tomar decisiones en conjunto con el Consejo Escolar.

La investigación cualitativa *¿Héroes de papel o de acción? Implicaciones del Liderazgo Instruccional de los directores en el aprovechamiento académico de los estudiantes* de Ortega (2012) produjeron seis factores que limitan el desempeño efectivo de los directores escolares, a saber:

- Recursos humanos administrativos poco efectivos

- Salidas a reuniones y a adiestramientos

- Producción de informes

- Entrada de datos al SIE (sistema de información estudiantil), al SIFDE (sistema de asistencia de los empleados), estudios socioeconómicos, fuerzas militares, Pruebas Puertorriqueñas, entre otros

- La dinámica que se presenta en las escuelas, tales como: problemas de disciplina, atención a padres, atender agencias y visitantes que se presentan a las escuelas para ofrecer sus servicios, ausencia de maestros, situaciones con el mantenimiento de la escuela y el comedor escolar

- La llegada del presupuesto a tiempo para hacer la compra de materiales y las herramientas necesarias para el proceso de enseñanza aprendizaje

De los 6 factores limitantes, 4 (67%) están relacionados directamente con informes, por lo que la investigadora llegó a la conclusión que ante toda la dinámica y situaciones administrativas que deben atender en las escuelas que dirigen, los directores se convierten en héroes de papel. Hay acción, pero está enfocada en aspectos administrativos y no en el proceso de enseñanza aprendizaje, cuando la diferencia entre un director altamente efectivo y uno menos efectivo es su participación activa en asuntos relacionados con el currículo y el proceso de enseñanza aprendizaje.

El sinnúmero de funciones que se les han añadido a los directores escolares ha contribuido a que estos se sientan solos, aislados y frustrados al no poder establecer un balance equitativo para cumplir con cada una de las funciones, por lo cual han confrontado problemas con el manejo del tiempo. La realidad que viven los directores de las escuelas públicas de Puerto Rico se extiende también a nivel internacional. Un ejemplo de estos sentimientos se perfila en el estudio de Hobson, Brown y Ashby et al. (2003, en Slater, García y Nelson, 2008), en el cual identificaron algunos problemas que enfrentan los directores en las escuelas en los Estados Unidos y Gran Bretaña, tales como:

- Sentimientos de aislamiento y soledad
- Lidiar con el legado, práctica y estilo del director anterior
- Lidiar con tareas múltiples y establecer prioridades
- Manejar el presupuesto escolar
- Tratar con personal ineficiente

- Implantar proyectos innovadores para la mejora escolar o iniciativas gubernamentales
- Problemas con la planta física

Las barreras que confrontan los directores en sus prácticas dirigiendo las escuelas sugieren que el DEPR debe tomar acción inmediata para evitar una crisis de altas dimensiones en los ambientes educativos. Al ser el director el responsable de una gama de funciones, el DEPR debe apoyar a ese director de acuerdo a las necesidades que requieran cada escuela. El poco apoyo que ha sentido el director en el cumplimiento de sus funciones ha hecho que muchos directores renuncien de sus puestos y que en las universidades no haya muchos candidatos inclinados a estudiar una maestría en administración escolar. De hecho, el pasado año escolar 2013-2014, el DEPR tuvo que abrir una convocatoria para seleccionar candidatos a directores de escuelas para cubrir las plazas vacantes existentes, mediante una enmienda al procedimiento para el reclutamiento y selección del director de escuelas de la comunidad a través de la Carta Circular #1 – 2013-2014. Ante estas situaciones limitantes, la investigación de la Fundación Flamboyán (2010) sugiere las siguientes alternativas:

- Trabajar de cerca con las universidades que preparan a los directores escolares para asegurar que los cursos sean relevantes a las exigencias presentes y futuras y trabajar con el DEPR para revisar los requisitos para ser director.

- Mejorar las actividades de desarrollo profesional para que estén alineadas con la realidad y las necesidades específicas.

- Establecer una escala salarial que le haga justicia a los directores y que esté relacionada con la cantidad de tiempo y las responsabilidades que se espera de ellos como líderes escolares.

- Aumentar el personal de apoyo para aliviar la carga administrativa de los directores, creando así el tiempo que necesitan para trabajar con los maestros y realmente traer influencia en la enseñanza y el aprendizaje de sus estudiantes.

- Aclarar cuáles son las responsabilidades del director y proveerles los medios financieros y estructurales para que puedan lograr lo que se espera de ellos.

El cuadro que pinta la información desplegada del director de escuela es uno bien teórico, donde se asume que este, por su preparación académica, posee las destrezas necesarias para liderar una escuela. Las barreras que identifican las diferentes investigaciones sugieren que ese liderazgo del director debe ser fortalecido. El DEPR es la agencia llamada a propiciar el cambio social que necesitan los ciudadanos para tener una mejor calidad de vida, mediante un liderazgo efectivo propiciado por el director escolar como líder educativo. Sin embargo, para propiciar el cambio, el DEPR debe asegurarse que ese líder escolar domine las prácticas de liderazgo que le ayuden a buscar estrategias que contribuyan a solucionar los conflictos de aquellas barreras en las que él tenga el poder en la toma de decisiones, mediante un trabajo en equipo. El DEPR, o su representante, por otro lado, debería hacer una revisión de las recomendaciones que sugieren las diferentes investigaciones y buscar alternativas para eliminar las barreras que están afectando el ambiente escolar, que le competen, como agencia educativa.

Capítulo II

El LIDERAZGO EN EL AMBIENTE ESCOLAR

Las investigaciones realizadas en Puerto Rico han evidenciado que el desarrollo de destrezas de liderazgo en los directores ha sido crítica, tanto en su formación académica como en los talleres de desarrollo profesional ofrecidos por el Departamento de Educación de Puerto Rico (DEPR). En un sondeo realizado por Flores (2013) de las ofertas curriculares en liderazgo de cinco universidades públicas y privadas de Puerto Rico, en los programas de Maestría de Administración y Supervisión, se evidenció que solamente la Universidad de Puerto Rico, Recinto de Río Piedras, ofrece una Maestría en Liderazgo en Organizaciones Educativas, con 28 créditos en liderazgo educativo. En las otras cuatro universidades, el catálogo de una no refleja que se ofrezca un curso de liderazgo. En las otras tres universidades auscultadas, solamente ofrecen un curso de 3 créditos relacionado al liderazgo, pero en las descripciones no se menciona que los diferentes estilos de liderazgo formen parte del contenido a cubrir.

La posición de un líder escolar envuelve mucho más que ser la persona designada para dirigir una escuela. El conocimiento que tenga un director escolar sobre los diferentes estilos de liderazgo y las estrategias que estos estilos promueven le ayudan a conducir su escuela con un propósito y una dirección. El líder educativo tiene un papel protagónico en la efectividad del ambiente escolar. En algunas ocasiones le corresponde al líder desarrollar y promover metas grupales; en otras, se trata de un proceso más inclusivo, pero donde el líder es un actor decisivo (Leithwood, 2009). Para promover el cambio social que requiere el País, tanto del ambiente de las escuelas como el de la comunidad, es imperativo que el director escolar domine las destrezas de liderazgo.

Liderazgo Educativo

El concepto de liderazgo educativo se ha ido introduciendo como tema en el debate educacional y en la investigación sobre mejoramiento de establecimientos y sistemas escolares (REICE, 2009). El liderazgo educativo es el que se ejerce para lograr cambios significativos en el ambiente escolar. En los ambientes educativos, la meta de ese líder didáctico es promover un proceso de enseñanza-aprendizaje exitoso, que redunde en beneficio de los estudiantes como personas, de los componentes escolares como agentes de cambio y a la sociedad como recipiente y promotora de ese proceso, tal y como lo establece Goleman (2004a). Visto de ese modo, el centro del liderazgo educativo es el desarrollo integral del estudiante a través del proceso de enseñanza y aprendizaje y para lograr esa meta, es necesario incorporar a la comunidad en ese proceso.

La definición del concepto liderazgo ha evolucionado a medida que ha pasado el tiempo. Bass (1990) lo define como el proceso de interacción entre dos o más personas, el cual implica estructurar o reestructurar alguna situación, percepciones y expectativas y en donde el líder se convierte en un agente de cambio donde el liderazgo se da cuando un miembro del grupo modifica la motivación o competencias de los otros miembros del grupo. Asimismo, Yulk (2002) concibe el liderazgo bajo dos perspectivas: (a) es el proceso de influir en otros para que entiendan y estén de acuerdo acerca de las necesidades que se deben atender y cómo hacerlo de forma efectiva y (b) es el proceso de facilitar esfuerzos individuales y colectivos para alcanzar objetivos compartidos. De manera que esta definición del término es importante para determinar el estilo de liderazgo que utilizan los directores escolares como líderes educativos, ya que las estrategias que empleen sus seguidores para afrontar situaciones se verán afectadas por la visión de la situación que muestre el líder.

Los líderes pueden mostrar diferentes enfoques en relación a cómo asumen sus destrezas de liderazgo respecto a sus seguidores. Lo que implica que los estilos varían, según los deberes que el líder debe desempeñar. El estilo de liderazgo ha sido definido por varios autores, pero los tres estilos propuestos por Lewin, Lippitt y White (1939, en Robbins, 2009) quizás son los más que se han destacado. Estos estilos son el autocrático, democrático y el laissez faire, en los cuales los líderes exhiben unas características:

- Autocrático—El líder asume toda la responsabilidad en la toma de decisiones, esto es: comienza las acciones, dirige, motiva y controla. Las decisiones están centradas en él. Piensa que solamente él es competente y capaz de tomar decisiones importantes y puede tener la percepción de que sus subalternos son incapaces de guiarse a sí mismos o puede tener otras razones para asumir una sólida posición de fuerza y control.

- Democrático—Este líder consulta a sus seguidores, pero no delega su derecho a tomar las decisiones finales. Da directrices específicas a sus subalternos, pero toma en consideración sus ideas y opiniones respecto a muchas decisiones en que estén involucrados. Escucha y analiza seriamente las ideas que proponen sus seguidores y acepta sus contribuciones siempre que sea posible y práctico. Por otro lado, fomenta en sus seguidores la capacidad del autocontrol y los inspira a asumir más responsabilidad para guiar sus propios esfuerzos. Por lo general, es un líder que no es un dictador y apoya a sus seguidores, pero la decisión final en asuntos de importancia le corresponde a él.

- Laissez faire—El líder delega la autoridad para tomar decisiones y espera que los subalternos asuman la responsabilidad por su propia motivación, guía y control. Este estilo de liderazgo proporciona muy poco contacto y apoyo para los seguidores. Evidentemente, el subalterno tiene que estar altamente cualificado y ser sumamente capaz para que este enfoque tenga un resultado satisfactorio.

El liderazgo transaccional es otro estilo de liderazgo que asumen los líderes en sus ejecutorias. Bajo este tipo de liderazgo, la organización adquiere ciertos derechos sobre el tiempo y la lealtad del empleado y la relación entre un empleado y el gerente se basa sobre transacciones o intercambios de valores y relaciones interpersonales, entre otros. De acuerdo a Bass (1990), las características del líder transaccional son las siguientes:

- Recompensas contingentes—el líder contrata el intercambio de recompensas por esfuerzo, promete recompensas por buen rendimiento, reconoce logros.

- Gerencia por excepción (activo)—el líder observa y busca desviaciones de las reglas y los estándares y toma acción correctiva.

- Gerencia por excepción (pasivo)—el líder interviene solamente si los estándares no se cumplen.

- Laissez-Faire—el líder abdica responsabilidades y evita tomar decisiones.

Burns (1978) introduce un nuevo concepto en estilo de liderazgo llamado liderazgo transformacional. Bass (1990) define este estilo de liderazgo como un proceso en que los líderes y los seguidores participan de un proceso mutuo de elevarse el uno al otro a niveles más altos de moralidad y motivación. De acuerdo a Bass (1990), el liderazgo transformacional ocurre cuando los líderes amplían y elevan los intereses de sus empleados, cuando generan conciencia y aceptación de los propósitos y la misión del grupo, y cuando estimulan a sus empleados a mirar más allá de su propio interés, por el bien del grupo. Las características que exhibe el líder transformacional, según Bass (1990), son las siguientes:

• Carisma – el líder provee visión y sentido de misión, imparte orgullo; gana respeto y confianza.

• Inspiración – el líder comunica altas expectativas, usa símbolos para enfocar esfuerzos, expresa propósitos importantes de manera sencilla.

• Estímulo intelectual – el líder promueve la inteligencia, racionalidad y solución de problemas cautelosamente.

• Consideración individualizada – el líder da atención personal, trata a cada empleado individualmente, orienta, asesora.

Estos estilos de liderazgo se interrelacionan entre sí y el líder los utiliza como unas herramientas para enfocar las situaciones y utilizar las estrategias que promulgan estos estilos en la búsqueda de resultados positivos en la solución de las mismas. Lo que implica que en una organización no se utiliza siempre un mismo estilo de liderazgo. El liderazgo que se utilice va a depender de una serie de factores que estén impactando la organización.

También existe el liderazgo que se ejerce en forma compartida o distribuida. El liderazgo compartido es el que se ejerce de forma colaborativa, ya que nunca existe un líder en el vacío, sin un grupo de personas que participen de su proyecto (Lorenzo, 2005, en González, 2011). Por su parte, (Leithwood, 2009) indica que el liderazgo distribuido se traslapa significativamente con los conceptos de liderazgo compartido (Pearce y Conger, 2003), colaborativo (Wallace, 1989), democrático (Gastil, 1997) y participativo (Vroom y Jago, 1998), el cual es un concepto muy en boga entre los investigadores. El interés actual por el liderazgo distribuido podría interpretarse como un esfuerzo por desplazar estas fuentes de liderazgo desde el extremo informal hacia el formal del organigrama de la organización, para reconocer explícitamente la presencia de dicho liderazgo y comprender mejor su contribución al funcionamiento de la organización (Leithwood (2009). El término se ha definido bajo dos formas distintas: aditiva y holística. La parte aditiva describe un patrón descoordinado de liderazgo en que muchas personas diferentes pueden asumir funciones de liderazgo, pero sin ningún esfuerzo por tomar en cuenta las actividades de liderazgo de otras personas dentro la organización. La forma holística se refiere a relaciones conscientemente manejadas y sinérgicas, entre algunas, muchas o todas las fuentes de liderazgo dentro de la organización. Estas formas de liderazgo distribuido asumen que, en el trabajo de los líderes, la suma representa más que las partes; que hay más altos niveles de interdependencia entre las personas que ejercen el liderazgo y que la influencia atribuida a sus actividades surge de procesos sociales dinámicos, multidireccionales, que en el mejor de los casos, se traducen en un aprendizaje para las personas involucradas, así como para la propia organización (Pearce & Conger, 2003, en Leithwood, 2009).

En esta breve descripción de la evolución del concepto y de los estilos de liderazgo, se puede enmarcar una definición pertinente de liderazgo educativo. Sin embargo, Leithwood (2009) indica que no se debe acotar el término porque se corre el riesgo de restringir la reflexión y la práctica (p. 18). Es así que Leithwood (2009), para establecer una definición del término, tomó en consideración los siguientes entendidos:

- El liderazgo existe dentro de relaciones sociales y sirve a fines sociales—Aún cuando los líderes son individuos, el liderazgo está inserto en relaciones y organizaciones sociales y su propósito es realizar algo para un grupo. No es un fenómeno individual o personal.

- El liderazgo implica un propósito y una dirección—Los líderes persiguen metas con claridad y tenacidad y responden por su comportamiento. En algunos casos, le corresponde al líder desarrollar y promover metas grupales; en otras, se trata de un proceso más inclusivo, pero donde el líder es un actor decisivo. Finalmente, hay otros casos donde el liderazgo consiste en centrar el esfuerzo en torno a una visión que se origina en otro lugar.

- El liderazgo es un proceso de influencia—A veces las acciones de los líderes tienen un efecto directo en las metas principales del colectivo, pero muchas veces su acción consiste en influenciar los pensamientos y el actuar de otras personas y establecer las condiciones que les permitan ser efectivos.

- El liderazgo es una función—Muchos observadores reconocen que el liderazgo conlleva un conjunto de funciones no necesariamente relacionadas con un departamento particular o una designación formal. Personas en diferentes roles pueden ejercer labores de liderazgo, aunque muchas veces cuenten con desiguales recursos, habilidades y propensiones para este efecto.

- El liderazgo es contextual y contingente— La mayoría de las teorías sobre liderazgo sugieren que este se practica de acuerdo a las características de la organización social, las metas fijadas, los individuos involucrados, los recursos y los plazos, además de otros factores. Así, ninguna fórmula de liderazgo es aplicable de manera universal.

Al tomar en consideración estos entendidos, Leithwood (2009) define liderazgo escolar como la labor de movilizar e influenciar a otros para articular y lograr las intenciones y metas compartidas de la escuela. La labor del liderazgo puede ser realizada por personas que desempeñan varios roles en la escuela.

Las funciones del liderazgo pueden realizarse de muchas maneras, lo que va a depender del líder individual, del contexto y del tipo de meta que persiguen (Leithwood, 2009, p. 20). El estilo de liderazgo asumido por cada dirigente dependerá de las creencias, valores, reglas y normas que integren el comportamiento de cada individuo que conforma la organización educativa. La administración de las organizaciones educativas está fuertemente condicionada por los estilos de comportamiento que los docentes y los gerentes educativos desarrollen en su desempeño laboral dentro de la institución (Flores, 2001, en González 2011). Si el líder escolar toma en consideración estos postulados, puede hacer uso del liderazgo educativo en el proceso de enseñanza aprendizaje, el liderazgo transformacional, en el desarrollo profesional de destrezas de liderazgo de los miembros de la escuela, inclusive en toda la comunidad escolar y el distribuido para compartir el liderazgo, fomentar la participación y la descentralización jerárquica para que el cambio que necesitan los ambientes escolares surja de la base. Las prácticas de liderazgo no se ejercen de manera descontextualizada. La opción de cuáles serán aquellas que el director efectúe y cómo decida llevarlas a cabo, dependerán de elementos anteriores a la acción misma, que son posibles de distinguir como antecedentes de orden interno y externo (Day et al., 2007, en REICE, 2009.)

Comunidad de Aprendizaje

La *Ley 149* (1999), Ley Orgánica para el Departamento de Educación de Puerto Rico, establece la política pública de la educación del País en términos de autonomía fiscal, administrativa y docente, pero a su vez establece que el núcleo escolar debe estar integrado a la comunidad. Lo que implica que los núcleos escolares, como sistemas sociales independientes y efectivos requieren la acción de todos los componentes que afectan interna o externamente su funcionamiento (Ruiz, 2010). En ese aspecto, Ruiz (2010) añade que existe un consenso generalizado en el mundo respecto al mejoramiento del desempeño de las instituciones educativas, el cual es indispensable para promover el desarrollo socioeconómico, reducir las desigualdades, aumentar la competitividad económica de las naciones y, posiblemente, fortalecer las instituciones gubernamentales. Como parte de las tendencias de la globalización y las tecnologías emergentes, la escuela tiene que responder a las necesidades nuevas que se generan en el entorno social.

Un elemento fundamental del rol del director es promover el trabajo colaborativo e involucrar a toda la comunidad de aprendizaje, al darle sentido a su relación con el ambiente (Claudio, 2005). Una comunidad de aprendizaje, por lo tanto, envuelve la unión de todos los componentes comprometidos con una excelencia educativa. Esto se traduce a que una comunidad de aprendizaje en un ambiente escolar se dirigirá a promover y mantener el aprendizaje de todos los implicados en la comunidad con el propósito común de mejorar el aprendizaje del estudiante (Stoll, 2004). La misma requiere interacción activa entre sus miembros, esto es: directores, personal docente, personal clasificado, estudiantes, padres, miembros de la comunidad, consejos consultivos, entre otros. Una comunidad que aprende es el ámbito de aprendizaje dentro del cual funciona la escuela o facultad (Senge, et al., 2006). Por lo tanto, una comunidad de aprendizaje, según Senge (2002), debe reflejar las siguientes características:

- Todos los miembros de la organización comparten la visión y valores.
- El aprendizaje es responsabilidad de todos y cada uno de los miembros de la comunidad.
- Los miembros de la comunidad exhiben una curiosidad reflexiva, o sea, promueven una cultura completamente nueva.
- Todos los esfuerzos de la colaboración se centran en una sola meta o propósito.
- El aprendizaje puede ser individual y grupal, pero debe mantener el interés por el aprendizaje de todos los miembros y de otras personas dentro y fuera de la organización que estén implicados en la consecución de las metas.
- Existe confianza, respeto y apoyo mutuo entre los miembros.
- Los miembros están abiertos a nuevas ideas y dispuestos a compartir en comunidad.

Hacia esos fines, la profesora Ramos (2005) expone que ejercer el liderazgo didáctico requiere compartir el poder, confiar en la habilidad de los demás para hacer el trabajo, crear en los maestros el deseo de apoderarse, promover que tomen riesgos, aceptar que se cometen errores y aprender de estos, estimular a los maestros a probar sus ideas y evaluarlas a la luz del impacto de estas en el aprendizaje de los estudiantes. Castillo (2005b) establece, por otro lado, que el trabajo del líder administrativo es, entonces, el de facilitador para estimular la participación, promover el cambio, crear el ambiente de colaboración y promover la participación activa y continua, de todos los constituyentes de la comunidad escolar. De esta forma, el cambio y la innovación que se produzcan, como parte de las gestiones administrativas realizadas, van a llevar a la escuela un mejoramiento continuo.

Estas perspectivas requieren que el líder educativo parta de los elementos fundamentales, tales como: el entorno global, la comunidad, la sociedad y el país, el estudiante y los empleados. Una vez identifique los elementos relevantes para la comunidad educativa, debe describir cuáles son las necesidades de cada uno de ellos. Rubino (2007) indica que esta descripción, entre otras cosas, debe incluir:

- El entorno global —hacia donde se mueve, cuáles son las tendencias que requiere de la sociedad, cuál es la relación que se puede establecer entre las distintas sociedades con ese entorno global.
- La comunidad, la sociedad y el país —cuáles

son sus necesidades, qué se puede proveer para ellos, con qué beneficio mutuo, cómo se refleja en el desarrollo del país.

- El estudiante—quiénes son, qué quieren, cómo lo quieren.

- Los empleados—cuáles son sus necesidades, cómo alinear sus necesidades con las de la institución.

El desarrollo profesional de los empleados para promover la cultura organizacional de la escuela es bien importante, por lo tanto, Rubino (2007) sugiere que el director educativo debe considerar los siguientes procesos:

- Autogerenciar (fomentar) su desarrollo personal.

- Formar equipos de alto desempeño.

- Desarrollar una institución que aprende.

- Moverse hacia la institucionalización del conocimiento—comunidad-sociedad.

- Desarrollar la auto-motivación.

- Promover una motivación personal e independiente, en contraposición a la motivación basada en la dependencia.

- Promover el autocontrol y la conciencia de que las consecuencias de los comportamientos de los miembros deben ser positivos para la institución.

- Promover el desarrollo de la inteligencia emocional, personal, grupal y organizacional.

Finalmente, el líder educativo debe diseñar un plan de evaluación dirigido a medir los procesos de esa comunidad de aprendizaje. Rubino (2007) indica que ese líder debe usar la evaluación 360 grados, donde se incluya al estudiante, como receptor del servicio; a los empleados, como prestatarios del servicio; a la comunidad y a la sociedad como usuarias del resultado del proceso de educación.

La última recomendación de Rubino (2007), como se puede apreciar, no visualiza a la comunidad como colaboradora de los procesos y sí como recipiente del resultado, lo que es contrario a las prácticas de una comunidad de aprendizaje. Esta ambivalencia se vio en la investigación de Flores (2013), cuando los directores participantes del estudio en sus alocuciones reflejaron no tener claro el concepto comunidad de aprendizaje. Unos directores lo asocian a la facultad, otros lo asocian a los vecinos y otros a los padres y a la familia. Este hallazgo sugiere que los directores escolares, participantes del estudio, requieren conocer qué es una escuela de comunidad y quiénes son sus integrantes para así poder compartir el liderazgo. Una escuela que, además de trabajo, se configura como unidad básica de formación, desarrolla en su seno un aprendizaje institucional u organizativo, donde las relaciones de trabajo enseñan y la organización como conjunto aprende (Bolívar, 2008). Pensar la escuela como tarea colectiva es convertirla en el lugar donde se analiza, discute y reflexiona, conjuntamente, sobre lo que pasa y lo que se quiere lograr. Por ello, la colaboración entre colegas, el escuchar y compartir experiencias, puede constituir la forma privilegiada para lograr una comunidad profesional de aprendizaje (Bolívar, 2008).

Características y Destrezas de los Líderes Efectivos

La efectividad de una organización depende de la capacidad del líder para ordenar los recursos que permitirán lograr las metas institucionales (Castillo, 2005a). El director que ejerce un liderazgo didáctico crea una cultura de paz en la escuela, la cual va dirigida a construir comunidades de aprendizaje y un clima organizacional positivo (Ramos, 2005). El líder educativo debe desarrollar e implantar programas abarcadores que estén fundamentados en investigaciones relacionadas con el aprendizaje de los estudiantes y en prácticas reflexivas que sean consistentes con la visión y metas de la escuela y la diversidad de los maestros. La aspiración de todo director de escuela debe ser convertirse en un líder didáctico altamente efectivo (Ramos, 2005). Ante los postulados que reclaman la efectividad del liderazgo educativo, The Interstate School Leaders Licensure Consortium (1996, en Volante, Castro, Isla y Müller, 2002) le interesó explorar antecedentes internacionales que sirvieran como base para el desarrollo de un perfil de liderazgo educativo. El marco consiste de seis estándares sobre liderazgo educacional efectivo. Los estándares para el liderazgo en organizaciones educativas se enfocaron en conocimiento, disposición y desempeño:

- Estándar I — El administrador de una escuela debe ser un líder educacional que promueve

el éxito de todos los estudiantes a través
de facilitar el desarrollo, la articulación, la
implementación y la supervisión de una visión
de aprendizaje que es compartida y apoyada
por la comunidad escolar.

• Estándar II—El administrador de una escuela
deber ser un líder educacional que promueve
el éxito de todos los estudiantes a través de
avocar, alimentar y sostener una cultura escolar
y un programa instruccional conducente al
aprendizaje escolar y el crecimiento profesional
de los funcionarios.

• Estándar III—El administrador de una escuela
debe ser un líder educacional que promueve
el éxito de todos los estudiantes a través de
asegurar la administración de la organización,
las operaciones y los recursos para un entorno
de aprendizaje seguro, eficiente y efectivo.

• Estándar IV—El administrador de una escuela
debe ser un líder educacional que promueve
el éxito de todos los estudiantes a través de
colaborar con las familias y los miembros
de la comunidad respondiendo a intereses
y necesidades de una comunidad diversa y
movilizar recursos de la comunidad.

• Estándar V—El administrador de una escuela
debe ser un líder educacional que promueve el
éxito de todos los estudiantes a través de actuar
en forma íntegra, justa y ética.

• Estándar VI—El administrador de una escuela

debe ser un líder educacional que promueve el éxito de todos los estudiantes a través de comprender, responder y ejercer influencia sobre el contexto político, legal, económico, social y cultural.

El sistema educativo no requiere de un administrador, sino de un líder equipado con las herramientas, el tiempo, el conocimiento y el espacio para ejercer su liderazgo. Es este el responsable de asegurar que el desarrollo del individuo total, que requiere la sociedad, sea su norte continuo y el propósito fundamental de la escuela (Claudio, 2005). Para el logro exitoso de los ambientes escolares, las escuelas deben estar basadas en valores que rijan la cultura de la organización. Al tomar en consideración distintas investigaciones a nivel mundial, Claudio (2005) menciona los siguientes valores:

- Excelencia—El éxito duradero surge de insistir en patrones excepcionalmente elevados de la operación de la organización. Es tener un compromiso inquebrantable y no negociable con la excelencia.

- Innovación y mejoramiento continuo—Es reconocer que mañana se puede hacer mejor lo que hoy se hizo bien. Es concienciar que la innovación y el mejoramiento son maneras nuevas de operar y que el desequilibrio es la constante en la renovación, por lo que se debe buscar el balance entre la resistencia al cambio y la adaptación de nuevas ideas.

- Trabajo en equipos colaboradores—La organización que desarrolla y comparte su visión, cuenta con individuos que colaboran continuamente para aportar hacia el logro de su propósito común.

- Respeto—Es reconocer la importancia de cada individuo a la vez que aceptar y canalizar sus diferencias. Es aceptar la disonancia positiva y respeto a la divergencia en la búsqueda de la transformación hacia el éxito.

- Integridad—Es el juego limpio que se debe promulgar con el ejemplo. Le corresponde al líder modelar, practicar y ser mentor de la transformación hacia el éxito.

- Alegría—El valor de la alegría es la celebración del éxito, es el orgullo de pertenecer a la organización y al equipo de trabajo.

Después del proceso de enseñanza aprendizaje, el liderazgo del director es factor fundamental en el mejoramiento del aprendizaje de los estudiantes y en el mejoramiento de las escuelas. Lashway (2003, en Rubino, 2007) postula que los roles de los líderes educacionales incluyen: (a) definir el liderazgo de las instituciones, (b) proveer foco al liderazgo educativo, (c) liderar el cambio, (d) desarrollar una estructura de liderazgo distribuido, (e) proveer un foco moral a la institución y (f) responder a los retos. El director, líder de una escuela efectiva debe poseer las cualidades de un líder educativo desde una óptica multidimensional (Claudio, 2005). Es importante, entonces, determinar cuáles son las características que describen a un líder educativo efectivo. En un estudio realizado por Peterson (2002), este identificó cinco comportamientos que caracterizan a un líder efectivo, a saber:

- Establece una visión para encaminar la escuela
- Involucra a otros en la toma de decisiones
- Reconoce que constituye el principal facilitador del aprendizaje, por lo tanto apoya al proceso de enseñanza
- Monitorea el proceso educativo y se mantiene informado de lo que sucede
- Busca la manera de minimizar las barreras para así alcanzar las metas

En Puerto Rico, Meléndez Nazario (2000) realizó un estudio con el objetivo de conocer la percepción que tienen los maestros acerca de las características que poseen los directores efectivos versus las características de un líder efectivo que muestra la literatura. Al comparar las características que poseen los directores efectivos, de acuerdo a la percepción que tienen los maestros en este estudio, los resultados reflejaron que las características que exhiben los directores son comparables con las características de los líderes efectivos que presenta la literatura. Esto es: coinciden en que un director efectivo tiene que poseer características de líder para poder ejercer sus funciones eficientemente. Entre las características más sobresalientes que debe poseer un director efectivo, según la percepción que tienen los maestros de las escuelas secundarias, se destacan las siguientes: justo, mantiene buena comunicación, organizado, conoce la comunidad escolar, su facultad y la problemática, respetuoso, responsable, imparcial y facilitador.

Glickman et al. (2001) afirman que se puede indicar que un líder educativo es efectivo cuando las siguientes destrezas forman parte de su perfil: (a) visión compartida, (b) altas expectativas, (c) trabajo en equipo, (d) integración de la comunidad a los procesos educativos, (e) desarrolla un clima positivo y (f) atención y apoyo a los docentes. La mayoría de las destrezas que postulan Glickman et al. (2001) que deben reflejar los líderes efectivos están relacionadas con el liderazgo distribuido.

De acuerdo a McEwan (2003), las características de un director efectivo deben reflejarse en sus acciones, mediante los siguientes siete pasos:

- Establecer, implantar y desarrollar metas académicas
- Ser un recurso o facilitador educativo para su facultad
- Crear una cultura y clima escolar enfocadas en el aprendizaje
- Comunicar efectivamente la visión y misión de la escuela
- Establecer altas expectativas tanto para él, como director, como para la facultad
- Desarrollar destrezas de liderazgo en los maestros
- Desarrollar y mantener relaciones

49

interpersonales positivas, tanto con los estudiantes, como con los padres y maestros

Los siete pasos que menciona McEwan (2003) que deben seguir los líderes efectivos están relacionados con las características del estilo de liderazgo distribuido. En el estudio *Distribuir el liderazgo en aras de escuelas más inteligentes: Eliminar el ego del sistema*, realizado por Leithwood (2009) se investigaron los patrones de distribución del liderazgo, así como también quiénes cumplían determinadas funciones de liderazgo y cuáles eran esas funciones, las características de los líderes no administrativos y los factores que promueven e inhiben la distribución de las funciones de liderazgo. Se realizó en ocho escuelas básicas y secundarias que promovían formas de distribución del liderazgo durante más de una década.

El aspecto más digno de destacar fue la contribución crítica de los líderes escolares formales y de los líderes de los distritos para promover formas aparentemente productivas de liderazgo distribuido. Primero, los patrones de distribución de liderazgo eran habituales en las iniciativas a las que los directores les habían asignado una alta prioridad y atención, pero bastante poco usuales en otras iniciativas. Segundo, las estructuras, normas culturales y oportunidades para que el equipo educativo desarrollara sus destrezas de liderazgo dependían en gran medida del trabajo intencional de los directores. Tercero, el equipo educativo le atribuyó liderazgo a los pares que compartían rasgos y disposiciones generalmente asociadas con los líderes administrativos locales, como los directores y superintendentes. Cuarto, eran los directores quienes desempeñaban aquellas funciones de liderazgo críticas asociadas a la concepción multidimensional del liderazgo exitoso. Finalmente, los líderes de las oficinas centrales crearon una cultura de distrito que modelaba la distribución del liderazgo de diferentes formas, desde los requisitos que establecían en relación a cómo debían implementarse las iniciativas en las escuelas hasta las formas activas de involucrarse los profesores y administrativos escolares en la toma de decisiones. De acuerdo a los resultados, Leithwood (2009) concluye que la distribución del liderazgo a otras personas no se traduce en una menor demanda de liderazgo hacia quienes detentan cargos de liderazgo formal. Sin embargo, sí se traduce en una mayor demanda de coordinar quién desempeña qué funciones de liderazgo, desarrollar destrezas de liderazgo en las demás personas, ofreciéndoles retroalimentación constructiva sobre sus esfuerzos.

Con el fin de relacionar el estilo de liderazgo que ejercen los directores escolares con el liderazgo transformacional, Leithwood (1994) desarrolló un modelo de seis dimensiones que describen al líder educativo. Al observar que la mayoría de los modelos de liderazgo transformacional son defectuosos por su sobre-presentación del liderazgo transaccional (gerenciales por naturaleza), le incluyó cuatro dimensiones a su modelo original. De manera que, el modelo transformacional que Leithwood (2009) promueve para el líder educativo es el siguiente:

- Crear una visión y metas para la escuela
- Brindar estimulación intelectual
- Ofrecer apoyo individualizado
- Simbolizar las prácticas y los valores profesionales
- Demostrar expectativas de alto desempeño
- Desarrollar estructuras para fomentar la participación en las decisiones de la escuela
- Manejar el equipo educativo
- Brindar apoyo pedagógico
- Monitorear las actividades escolares
- Ser modelo (foco) en la comunidad

El estudio *Conocimiento y actitudes de los directores escolares del sistema educativo público en Puerto Rico con relación al apoderamiento como alternativa innovadora a la administración*, de Lisboa Alers (1995), se hizo con el objetivo de identificar el conocimiento y actitudes de los directores escolares del sistema educativo público en Puerto Rico con relación al apoderamiento como alternativa innovadora a la administración. Los hallazgos reflejaron que un por ciento significativo de los directores escolares utilizan las siguientes actividades para la implantación y desarrollo del apoderamiento en las escuelas públicas:

- Mantienen altas expectativas de su facultad, extienden ayuda administrativa y colegial, extienden la apreciación y reconocimiento a los maestros.

52

- Exponen conocimientos y los comparten con la facultad, estudiantes y comunidad, proveen participación activa a los maestros y al grupo de apoyo en la planificación de cursos, programas y actividades y toman en cuenta las opiniones o sugerencias de la facultad, estudiantes y la comunidad.

Se evidenció que los directores escolares mantienen canales abiertos de comunicación con la facultad. Los directores escolares llevan a cabo actividades como:

- Promover talleres y/o seminarios para el mejoramiento profesional del maestro y equipo de apoyo.

- Delegar en maestros trabajos especiales, desarrollo curricular, programas y actividades.

- Realizar estudios de necesidades de la facultad.

- Permitir que maestros dirijan reuniones escolares y con la comunidad.

- Aprovechar oportunidades para compartir el liderazgo con los maestros.

- Mantener canales abiertos de comunicación con la facultad.

Por su parte, Claudio (2005) apunta que una escuela efectiva es una organización de aprendizaje activo que busca su propia transformación para aprovechar positivamente los retos del escenario del momento y del futuro, de manera que, el líder educativo debe reflejar cualidades que se adhieran a esa transformación. Las siguientes cualidades distinguen al director líder de escuelas exitosas:

- Promueve unos valores, misión y metas claras
- Practica la equidad y el respeto
- Promueve la enseñanza y aprendizaje auténticos de la más alta calidad y expectativas elevadas del aprovechamiento
- Establece y cumple con metas de mejoramiento de ejecución del estudiante, las monitorea y las comunica con regularidad
- Es educador y aprendiz a la vez
- Promueve el trabajo colaborativo e involucra a toda la comunidad de aprendizaje
- Es un buen comunicador y facilitador
- Comparte el liderazgo y desarrolla líderes
- Es gerente de cambio e innovaciones
- Provee un ambiente de aprendizaje seguro
- Fomenta y practica el uso adecuado de datos y tecnología
- Provee para un ambiente de aprendizaje positivo
- Celebra el éxito

Las características de un líder educativo efectivo, en las que coinciden varios teóricos, se resumen en la Tabla 1.

Tabla 1.1

Características de un Líder Educativo Efectivo

Características	Teóricos
Establece una visión para encaminar la escuela	Glickman et al. (2001); McEwan (2003); Leithwood (2009); Peterson (2002).
Establece, implanta y desarrolla metas académicas	Claudio (2005); McEwan (2003).
Involucra a otros en la toma de decisiones	Leithwood (2009); Peterson (2002).
Reconoce que constituye el principal facilitador del aprendizaje, por lo tanto apoya al proceso de enseñanza	Claudio (2005); Glickman et al. (2001); Leithwood (2009); McEwan (2003); Peterson (2002).
Monitorea el proceso educativo y se mantiene informado de lo que sucede	Claudio (2005); Peterson (2002).
Busca la manera de minimizar las barreras para así alcanzar las metas	McEwan (2003); Claudio (2005); Peterson (2002).

Tabla 1.2 continuación

Demuestra y desarrolla expectativas de alto desempeño, tanto para él como director, como para los educadores	Glickman et al. (2001); Claudio (2005); Leithwood (2009); McEwan (2003).
Integra la comunidad a los procesos educativos	Claudio (2005); Glickman et al. (2001); Leithwood (2009).
Desarrolla un clima positivo	Claudio (2005); Glickman et al. (2001).
Desarrolla destrezas de liderazgo en los maestros	Claudio (2005); Glickman et al. (2001); McEwan (2003).
Desarrolla y mantiene relaciones interpersonales positivas, tanto con los estudiantes, como con los padres y maestros	Claudio (2005); McEwan. (2005)

Fuente: Flores (2013)

Los comportamientos, destrezas, pasos, modelos y cualidades, expuestos por los diferentes teóricos del liderazgo, requieren que el líder educativo tenga un perfil que garantice el compromiso de toda la comunidad escolar con la visión, misión y objetivos de la organización escolar. La American Association of School Adminstrators (en Cawelti, 1987, citado por Martínez, 2012) establece que el perfil de ese líder debe reflejar el dominio de las siguientes destrezas:

- Habilidad para lograr el consenso en los grupos.
- Habilidad para identificar información útil y significativa.
- Habilidad para buscar soluciones creativas para las necesidades educativas de los estudiantes.
- Habilidad para tener una comunicación clara y abierta con los padres, el personal y los grupos comunitarios.

DeFranco y Golden (2003) trabajaron el modelo Educational Leadership Improvement Tool, el cual se puede utilizar como herramienta para medir el desempeño del liderazgo del director educativo. El mismo contiene nueve (9) áreas a evaluarse:

- Atributos de liderazgo
- Liderazgo visionario
- Liderazgo comunitario
- Liderazgo educativo
- Mejoramiento basado en evidencia
- Organización para mejorar el aprendizaje del estudiante
- Organización para mejorar la eficacia del equipo

- Competencia cultural

- Gerencia Educativa

La información reseñada ayuda, en parte, a tener una base de los factores necesarios para impactar los ambientes escolares con el liderazgo educativo y qué elementos debe propiciar el DEPR para que el director de las escuelas públicas de Puerto Rico adquieran estos conocimientos que lo mueva a compartir estas destrezas con todos los componentes de la comunidad escolar. El proveerle al director de escuela información que lo lleve a entender las expectativas del sistema sobre su desempeño en los múltiples roles que le asigna y en el mar de tareas y responsabilidades que le exige, no lo lleva directamente al desempeño efectivo de las mismas. Conocer lo que el sistema educativo espera de él no significa que tenga las destrezas necesarias para realizarlas. El desarrollo de destrezas y la práctica intensiva de estrategias, que promuevan un liderazgo compartido, es lo que garantiza la efectividad del mismo. De acuerdo a Arensdorf y Andenoro (2009), la evolución del liderazgo puede contribuir al conocimiento de las metas de la sociedad al desarrollar personas que entiendan y practiquen el liderazgo en todos los ámbitos de la vida. Este esfuerzo intencional se convierte en el eje de la puerta de la sustentabilidad para la educación como centro de enseñanza y del desarrollo de la sociedad a grandes cambios.

Capítulo III

LA INTELIGENCIA EMOCIONAL EN EL CAMBIO ESCOLAR

Las diferentes sociedades se desenvuelven en un contexto de múltiples problemas sociales que afectan su vida emocional y que les impide una sana convivencia. Problemas que impactan, a su vez, a las instituciones creadas para brindar servicios a la comunidad, entre ellas las escuelas. Dentro de esa problemática, se puede observar o vivir la ausencia de sensibilidad social, hechos de violencia, desigualdad social, embarazos en niñas y adolescentes, conductas adictivas, actitudes de discrimen e intolerancia, entre otras. Esta problemática dificulta el que los ciudadanos puedan vivir en armonía y establecer metas futuras, tanto de su vida personal o colectiva por la inestabilidad existente. La escuela, como institución, es recipiente de estas situaciones. Los estudiantes que reciben el servicio de enseñanza y aprendizaje traen consigo las experiencias que han tenido en ese chapuzón cultural en que viven e interactúan.

A la escuela se le asigna la responsabilidad de manejar las conductas, actitudes y conflictos interpersonales que pudieran desviar o imposibilitar el aprendizaje mediante diferentes estrategias para el manejo de conflictos. Sin embargo, esta es una tarea difícil de llevar a cabo porque muchas veces el personal designado para trabajar con las situaciones no está debidamente preparado para intervenir. La complejidad de la problemática social, que se ve reflejada en la comunidad escolar, no puede manejarse mediante un mandato y unas directrices, por más detalladas que estas sean, sin que se incluya la selección y preparación de las destrezas que serían necesarias para poder lograrlas. Es como entregarles a los estudiantes una lista de la materia que debe conocer y luego darles un examen sin haberlos adiestrado en las destrezas requeridas en cada área. Una cosa es el contenido y otras son las destrezas. En el caso de los líderes escolares, habría que identificar las destrezas que le permiten a un líder efectivo realizar las funciones que lo distinguen de los que no son efectivos. Además, es necesario identificar las características que son prerrequisitos y las que se pueden adquirir mediante adiestramientos y un plan de desarrollo como líder. Ninguna de las leyes o manuales del Departamento de Educación de Puerto Rico (DEPR) identifican estas destrezas y en los catálogos de los programas universitarios, no las incluyen en el currículo. Dada la complejidad de la problemática y las expectativas diversas y altas que recaen sobre la comunidad escolar, debe haber, de igual manera que se han identificados los roles y tareas de los directores, guías claras sobre cómo lograrlo y las destrezas necesarias. Sin identificar dichas destrezas, el Sistema incumple con su rol educativo dentro de lo que es la comunidad de aprendizaje del DEPR como institución.

Una de las alternativas que puede utilizar el DEPR para trabajar con el cambio social, que se sugiere, es el paradigma de Inteligencia Emocional. La Inteligencia Emocional es aquella inteligencia que le permite al individuo tomar conciencia de sus emociones, comprender los sentimientos de los demás, tolerar las presiones y frustraciones, acentuar la capacidad de trabajar en equipo y adoptar una actitud de empatía social que le brinda más posibilidades de desarrollo personal (Goleman, 2004a). Es la Inteligencia Emocional lo que Goleman identifica como lo que distingue a los líderes exitosos en empresas privadas con metas y expectativas altas y dentro de un ambiente de retos complejos. Tales líderes, identificados como exitosos en las empresas privadas, estaban ante situaciones de mucha presión y una multiplicidad de roles y tareas similares a las expectativas que tiene el DEPR de sus líderes escolares.

El concepto Inteligencia Emocional ha sido desarrollado por diferentes teóricos, pero se le atribuye a Goleman (1995) el haber popularizado el mismo. Para trabajar con las diferentes problemáticas que impactan los ambientes escolares, Goleman (2004a) recomienda la alfabetización emocional como una alternativa para buscar soluciones a los problemas que impactan las escuelas. Este entiende que se vive en una época, en la que el tejido de la sociedad parece deshacerse a una velocidad cada vez mayor, en la que el egoísmo, la violencia y la ruindad espiritual parecen corromper la calidad de vida comunitaria. Goleman (2004a) establece una correspondencia entre los problemas ya mencionados y la educación.

Las escuelas y sus líderes tienen un papel esencial en la reducción de la crisis que afecta los ambientes escolares mediante las competencias que promueve la Inteligencia Emocional: competencias intrapersonales y competencias interpersonales. Las competencias intrapersonales ayudan al individuo a conocerse a sí mismo y las competencias interpersonales lo ayudan a relacionarse con los demás. Para Goleman, dichas competencias son vitales en todos los participantes de la comunidad escolar. En la medida que el estudiante desarrolle su autoconciencia, se autorregule y motive podrá tener empatía y la habilidad para tratar a sus compañeros y relacionarse efectivamente en ese ambiente escolar. Es así que, el líder educativo debe desarrollar estas competencias y así como también desarrollarlas en toda la comunidad escolar, de manera que todos sean sensibles a sí mismos y hacia los demás y se traduzcan en una forma más efectiva de manejar las diferentes situaciones que impactan las escuelas.

El liderazgo emergente, el cual establece un compromiso con la justicia social y se lleva a la práctica profesional para producir un cambio social o un liderazgo social responsable, es una visión de liderazgo compatible con el paradigma de Inteligencia Emocional. El DEPR puede utilizar el Modelo de las Tres Etapas de Lewin (1951, en Robbins, 2009), enfocado en la descongelación (la percepción de la necesidad de cambio y separación de ideas antiguas), el movimiento (transición hacia pensar y desempeñarse de una nueva forma) y la recongelación (integración de lo aprendido a la práctica). Este modelo puede servir de enlace entre lo que se espera lograr en las escuelas y las estrategias y destrezas necesarias para lograrlo.

Otra herramienta disponible, en esa programación, lo es el Modelo de Cambio Social para el Desarrollo de Liderazgo (MCS) de HERI (1996, en Wagner, 2007), el cual ha demostrado que puede ser aplicado a individuos, grupos, comunidades y organizaciones de forma concurrente. El enfoque del MCS, en el liderazgo emergente, es muy útil para trabajar con el cambio en el ambiente escolar, ya que se ha basado en valores con los cuales se pueden lograr cambios sociales positivos. Las tres dimensiones que interactúan para un cambio social responsable, según el modelo MCS, lo son: el individual, el grupal y el de sociedad-comunidad, todos organizados alrededor del eje del cambio. Los valores individuales, en el modelo, se identifican con el grado de concienciación que tiene la persona de sí misma, la congruencia y el compromiso. Los valores grupales están asociados con la colaboración, un propósito común y la controversia civilizada. Este grupo de valores abarca lo que otros modelos identifican como visión compartida, interdependencia, respeto a la diversidad y el trabajo en equipo. El valor sociedad-comunidad en el modelo, se refiere a ciudadanía o vida común, lo que otros modelos identifican como compromiso y se convierten en miembros responsables de una de las comunidades de práctica. De acuerdo a Wagner (2007), las dimensiones de los valores del MCS, para el desarrollo de liderazgo se basa en los siguientes postulados:

- Cambio como eje y última meta del MCS—el cambio da significado y propósito a los otros cambios sociales. El cambio significa mejorar el estado existente, creando un mejor mundo y demostrando comodidad con la transición y la ambigüedad en el proceso de cambio.

- Conocimiento de sí mismo—concienciar y reflexionar sobre las creencias personales, valores, actitudes y emociones. La autoconciencia, introspección y la reflexión personal continua son elementos fundamentales en el proceso del liderazgo.

- Congruencia—identificar los valores personales, creencias, actitudes y emociones y trabajar consistentemente con ellos. Una persona congruente es genuina, honesta y predica el ejemplo.

- Compromiso—reflejar energía, pasión intrínseca y una inversión determinada hacia la acción. El compromiso y la disponibilidad para participar ayudan a que se logren cambios sociales positivos.

- Colaboración—la colaboración ayuda a multiplicar los esfuerzos a través de las contribuciones colectivas y la capitalización en la diversidad y las fortalezas de las relaciones e interconexiones entre los individuos involucrados en el proceso de cambio. La colaboración asume que un grupo trabaja por un mismo propósito con metas en beneficio mutuo.

Estos modelos son compatibles con el modelo de Goleman de Inteligencia Emocional, pero no son modelos dirigidos a la adquisición y desarrollo de las destrezas necesarias. Si no se identifica un modelo para ello, el DEPR tendría que enfocar sus esfuerzos en la identificación y reclutamiento de personas capaces y hábiles en dichas destrezas para así lograr sus objetivos. El modelo de Goleman reconoce que hay personas que llegan a posiciones de liderazgo con las destrezas de Inteligencia Emocional ya adquiridas en su proceso de crianza y desarrollo personal, pero hay otras que no. Hay personas que llegan a posiciones de liderazgo sin las destrezas necesarias para ser efectivos. Si la empresa no los sustituye o los adiestra, encontrará que a pesar de tener metas claras y materiales y recursos necesarios, no logran el éxito.

Desarrollo del Paradigma Inteligencia Emocional

La Inteligencia Emocional ha cobrado un marcado interés en el liderazgo de los procesos organizacionales, desde la última década del Siglo XX hasta el presente. La Inteligencia Emocional se refiere a la habilidad para percibir, entender, razonar y manejar las emociones intrapersonales y las interpersonales (Bar-On, 2000; Goleman, 1998; Salovey & Mayer, 1997). Goleman (2004a) indica que la tendencia general de las organizaciones, antes de incursionar en el liderazgo de inteligencia emocional, era evaluar a sus líderes por su coeficiente intelectual. Sin embargo, Goleman se planteó serias interrogantes respecto al coeficiente intelectual, tales como: ¿Por qué algunas personas parecen dotadas de un don especial que les permite vivir bien? ¿Por qué no siempre el alumno más inteligente termina siendo el más rico, el que más éxito tiene? ¿Por qué unos son más capaces que otros de enfrentar contratiempos y ver las dificultades bajo una óptica distinta? Después de estudiar cómo operan los procesos cognitivos y las emociones, Goleman (2004a) llega a la conclusión que la inteligencia emocional es la que le permite al individuo tomar conciencia de sus emociones, comprender los sentimientos de los demás, tolerar las presiones y frustraciones que vive en el trabajo, acentuar la capacidad de trabajar en equipo y adoptar una actitud de empatía social que le brindará más posibilidades de desarrollo personal.

Goleman (2004a) establece que la inteligencia académica no ofrece prácticamente ninguna preparación para los trastornos o las oportunidades que acarrea la vida. Sin embargo, aunque un coeficiente intelectual elevado no es garantía de prosperidad, prestigio ni felicidad en la vida, las escuelas y la cultura se concentran en las habilidades académicas e ignoran la inteligencia emocional. La vida emocional es un ámbito que, al igual que las matemáticas y la lectura, puede manejarse con mayor o menor destreza y requiere un singular conjunto de habilidades. Saber hasta qué punto una persona es experta en ellas, es fundamental para comprender por qué triunfa en la vida, mientras otras personas, con igual capacidad intelectual, acaban en un callejón sin salida (Goleman, 2004a, p. 56).

Evolución del Concepto.

La Inteligencia Emocional es un concepto controvertido que ha atraído la atención de un buen número de académicos, de profesionales de la empresa y del mundo de la consultoría (Danvila & Sastre, 2010). Para el año 1920, Thorndike introduce el concepto inteligencia social, el cual define como la capacidad de entender y manejar a los hombres y mujeres, niños y niñas para actuar sabiamente en las relaciones humanas (Law, Wong, Huang & Li, 2008, en Danvila & Sastre, 2010). Según Mayer, Salovey y Carusso (2004), el término inteligencia emocional se utilizó incidentalmente en la crítica literaria de Van Ghent (1961) y la psiquiatría de Leuner (1966), en los años 60 (Danvila & Sastre, 2010). En el 1983, Gardner en su teoría de las inteligencias múltiples, incluye la inteligencia personal, la cual se refiere a las capacidades interpersonales que tiene el individuo que le permiten entender a los demás y la capacidad intrapersonal que le permite conocerse a sí mismo. La Inteligencia Emocional se inserta en la inteligencia personal de la teoría propuesta por Gardner (1983).

En el 1990, Salovey y Mayer definieron Inteligencia Emocional como "la capacidad de supervisar los sentimientos y las emociones de uno mismo y de los demás, de establecer diferencias entre ellos mismos y de utilizar esta información para la orientación y el pensamiento propio" (Salovey & Mayer, 1990, en Dueñas, 2002). En un proceso de análisis, los autores observaron que en la definición anterior habían omitido la relación de los sentimientos con el pensamiento, por lo que presentaron la siguiente definición:

> La inteligencia emocional relaciona la habilidad para percibir con precisión, valorar y expresar emociones; relaciona, también, la habilidad para acceder y/o generar sentimientos cuando facilitan el pensamiento; asimismo, la habilidad para entender la emoción y conocimiento emocional y la habilidad para regular emociones que promuevan el crecimiento emocional e intelectual.

En el 1995, Goleman definió la Inteligencia Emocional por exclusión como cualquier característica deseable de carácter personal que no está representada por la inteligencia cognitiva. Establece dos categorías de inteligencia personal: las competencias personales y las competencias sociales y ambas son complementarias la una de la otra. Por esto es que el concepto ha tenido buena acogida, ya que el conocimiento y las emociones se interrelacionan y explican los distintos niveles de éxito en diversos ambientes. El líder escolar tiene el reto de lograr las metas que se le adjudican dentro del sistema que si se analizan, desde este modelo, implican inteligencia cognitiva (la materia) e inteligencia emocional (las destrezas para implantar las estrategias necesarias para lograrlas).

En el 1997 Bar-On, al tomar como base la definición de Salovey y Mayer (1990), definió Inteligencia Emocional como un conjunto de conocimientos y habilidades en lo emocional y social que influyen en la capacidad general del individuo para afrontar efectivamente las demandas del medio ambiente. Esas habilidades se basan en la capacidad del individuo de ser consciente, comprender, controlar y expresar sus emociones de manera efectiva (Bar-On, 1997, en Gabel, 2005, p. 17).

Estas definiciones del término Inteligencia Emocional han abierto un sinnúmero de posibilidades para trabajar con el concepto, como lo son las perspectivas biológicas-neurológicas hasta las psicológicas-cognitivas. La perspectiva biológica-neurológica se centra en los umbrales de sensibilidad y control de los estímulos emocionales. La psicológica-cognitiva busca entender el significado de los eventos emocionales, la cual presenta a su vez tres ramificaciones: la social, la de personalidad y la de las emociones. La perspectiva psicológica cognitiva con sus ramificaciones han tenido un importante impacto en el desarrollo de modelos de Inteligencia Emocional que buscan su relación y su efecto en los diferentes ambientes de acción del individuo, entre ellos, el ambiente organizacional-laboral (Clore & Ortony, 2000, en Gabel, 2005, p. 12).

Modelos de Inteligencia Emocional.

Debido al gran impacto que ha tenido el concepto de Inteligencia Emocional, varios teóricos se han dado a la tarea de diseñar modelos para trabajar con los aspectos sociales, de personalidad y las emociones. Los tres modelos basados en habilidades o competencias, los comportamientos y la inteligencia son: el modelo de Salovey y

Mayer (1997), basado en las habilidades, el modelo de Goleman (2001), basado en las competencias emocionales y el modelo de Bar-On (2000), basado en la inteligencia emocional y social.

Goleman (2004a) postula que Salovey y Mayer (1997) incluyen las inteligencias personales de Gardner (1983) en su definición básica de inteligencia emocional, bajo cinco esferas principales:

- Conocer las propias emociones — el reconocer un sentimiento mientras ocurre es la clave de la inteligencia emocional. Las personas que tienen una mayor certidumbre con respecto a sus sentimientos son mejores guías de su vida y tienen una noción más segura de lo que sienten realmente con respecto a las decisiones personales, desde con quién casarse hasta qué trabajo desempeñar.

- Manejar las emociones — manejar los sentimientos para que sean adecuados es una capacidad que se basa en la conciencia de uno mismo. Las personas que carecen de esta capacidad luchan constantemente contra sentimientos de aflicción, mientras aquellas que la tienen desarrollada pueden recuperarse con mucha mayor rapidez de los reveses y trastornos de la vida.

- La propia motivación — ordenar las emociones al servicio de un objetivo es esencial para prestar atención a la auto-motivación. Las personas que tienen esta capacidad suelen ser mucho más productivas y eficaces en cualquier tarea que emprendan.

• Reconocer emociones en los demás — la empatía, otra capacidad que se basa en la autoconciencia emocional. Las personas que tienen empatía están mucho más adaptadas a las sutiles señales sociales que indican lo que otros necesitan y quieren. Esto lo hace mejores en profesiones, tales como la enseñanza, las ventas y la administración.

• Manejar las relaciones — el arte de las relaciones es, en gran medida, la habilidad de manejar las emociones de los demás. Las personas que se destacan en estas habilidades se desempeñan bien en cualquier cosa que dependa de la interacción serena con los demás: son estrellas sociales (pp. 64-65).

El modelo de Salovey y Mayer (1997) consta de cuatro fases de inteligencia emocional y cada una de ellas se construye sobre la base de habilidades logradas en la fase anterior (Gabel, 2005). Las cuatro etapas del modelo son las siguientes:

• La regulación de las emociones para promover el crecimiento emocional e intelectual — En la primera categoría, es la habilidad para estar abierto a los sentimientos, tanto a los placenteros como a los que no lo son. En la segunda categoría, es la habilidad para emplear reflexivamente o desprenderse de una emoción, dependiendo de su naturaleza informativa o utilitaria. En la tercera categoría, es la habilidad para monitorear reflexivamente las emociones personales, así como el reconocimiento de cuán claras, influenciables o razonables son. En la cuarta categoría, es la habilidad para manejar las emociones en uno mismo y en otros, mediante el control de las emociones negativas y la focalización en las placenteras; tener que reprimir o exagerar la información transmitida.

• Entendimiento y análisis de las emociones: empleo del conocimiento emocional — En la primera categoría es la habilidad para describir las emociones y reconocer las representaciones de estas en las palabras, por ejemplo, la relación entre querer y amar. En la segunda categoría, es la habilidad para interpretar los significados de las emociones con respecto a las relaciones, por ejemplo, la tristeza casi siempre acompaña la pérdida. En la tercera categoría, es la habilidad para entender los sentimientos complejos, por ejemplo, la ambivalencia. En la cuarta categoría, es la habilidad para reconocer las transiciones entre las emociones, tales como la transición de la ira a la satisfacción o la ira a la timidez.

• Facilitación emocional del pensamiento — En la primera categoría las emociones dan prioridad al pensamiento, por medio de dirigir la atención a la información importante. En la segunda categoría, las emociones están lo suficientemente disponibles como para que puedan ser generadas como ayuda para el juicio y la memoria concerniente a los sentimientos. En la tercera categoría, el ánimo emocional modula los cambios en el individuo: de optimista a pesimista, lo cual alienta el reconocimiento de múltiples puntos de vista. En la cuarta categoría, los estados emocionales se diferencian y fomentan métodos de solución de problemas. Ejemplo: la felicidad facilita el razonamiento inductivo y la creatividad.

- Percepción, evaluación y expresión de la emoción — En la primera categoría, es la habilidad para identificar la emoción en los estados físicos, sentimentales y reflexivos. En la segunda categoría, es la habilidad para identificar las emociones en otras personas, objetos, situaciones, etc., a través del lenguaje, sonido, apariencia y comportamiento. En la tercera categoría, es la habilidad para expresar las emociones con precisión y para expresar las necesidades de aquellos sentimientos. En la cuarta categoría, es la habilidad para discriminar entre sentimientos, por ejemplo, expresiones honestas versus deshonestas.

De acuerdo a lo que plantea el modelo, las primeras categorías son las más básicas y en términos de desarrollo, la construcción emocional empieza con la percepción de la demanda de los infantes. A medida que el individuo madura, esta habilidad se refina y aumenta el rango de las emociones que pueden ser percibidas. Posteriormente, las emociones son asimiladas e incluso pueden ser comparadas con otras sensaciones o representaciones (Gabel, 2005, p. 14). El instrumento para evaluar la inteligencia emocional desde esta perspectiva es el Mayer, Salovey y Caruso, Emotional Intelligence Test v.2.0 (MSCEIT V2.0), el cual incluye tareas que tratan de asemejarse a la situación que se medirá (Gabel, 2005; Roger & López, 2006).

El desarrollo y comprensión de las emociones en los niños es un proceso continuo y gradual de aprendizaje que va de las emociones simples a las más complejas. Los niños van cambiando sus estrategias para poder hacer frente a las distintas experiencias a través del control de las emociones, pues el niño se enfrenta mejor a las emociones a medida que comprende sus causas (Dueñas, 2002). Para conseguir una adecuada educación emocional, según Dueñas (2002, p. 87), se deben fomentar las cinco competencias que Goleman (1995) establece deben ser desarrolladas lo más intensamente posible y desde la más temprana adolescencia. Estas competencias son:

- Conciencia emocional — ser consciente de uno mismo, conocer la propia existencia y, sobre todo, el propio sentimiento de vida, lo que a su vez es fundamental para el autocontrol.

- Autocontrol o regulación de las emociones — significa la capacidad para saber manejar ampliamente los propios sentimientos, los estados de ánimo, al evitar caer en el nerviosismo y sabiendo permanecer tranquilo para poder afrontar los sentimientos de miedo y las situaciones de riesgo para recuperarse rápidamente de los sentimientos negativos.

* Motivación—está muy unida a las emociones y surge del autocontrol; significa ser aplicado, ser constante, perseverante, tener resistencia ante las frustraciones.

* Empatía o capacidad de ponerse en el lugar de la otra persona—significa comprender las emociones de los demás, entender lo que otras personas sienten, sentir con las otras personas.

* Habilidad social—hace referencia a entenderse con los demás, orientarse hacia los otros; no ser un mero observador de los demás, sino hacer algo en común con ellos, sentir alegría de estar entre la gente, colaborar, ayudar, pertenecer a un grupo.

El modelo de las competencias emocionales de Goleman comprende una serie de destrezas que facilitan a las personas el manejo de las emociones hacia ellas mismas y hacia los demás. Este modelo formula la Inteligencia Emocional en términos de una teoría del desarrollo y propone una teoría de desempeño aplicable de manera directa al ambiente laboral y organizacional, centrado en el pronóstico de la excelencia laboral. Por ello, esta perspectiva está considerada una teoría mixta, basada en la cognición, personalidad, motivación, emoción, inteligencia y neurociencia. Es decir, incluye procesos psicológicos, cognitivos y no cognitivos (Gabel, 2005). El modelo lo compone un inventario de habilidades emocionales. Estas habilidades se definen en el modelo Goleman (2001), según se expone a continuación:

Autoconciencia

- Autoconciencia emocional — reconocimiento de nuestras emociones y sus efectos.
- Acertada autoevaluación — conocimiento de nuestras fortalezas y limitaciones.
- Autoconfianza — un fuerte sentido de nuestros méritos y capacidades.

Autodirección

- Autocontrol — control de nuestras emociones destructivas e impulsos.
- Fiabilidad — muestra de honestidad e integridad.
- Conciencia — muestra de responsabilidad y manejo de uno mismo.
- Adaptabilidad — flexibilidad en situaciones de cambio u obstáculos.
- Logro de orientación — dirección para alcanzar un estándar interno de excelencia.
- Iniciativa — prontitud para actuar.

Aptitudes sociales

- Influencia — tácticas de influencia interpersonal.
- Comunicación — mensajes claros y convincentes.

- Manejo de conflicto — resolución de desacuerdos.
- Liderazgo — inspiración y dirección de grupos.
- Cambio catalizador — iniciación y manejo del cambio.
- Construcción de vínculos — creación de relaciones instrumentales.

Relaciones de dirección

- Trabajo en equipo y colaboración.
- Creación de visión compartida en el trabajo en equipo.
- Trabajo con otros hacia las metas compartidas.

El modelo de Goleman (2001) concibe las competencias como rasgos de la personalidad. Sin embargo, también pueden ser consideradas componentes de la Inteligencia Emocional, sobre todo aquellas que involucran la habilidad para relacionarse positivamente con los demás (Roger & López, 2006). El instrumento para evaluar las competencias emocionales de los individuos y de las organizaciones es el Emotional Competence Inventory 2.0 (ECI, 2.0) de auto-reporte (Danvila & Sastre, 2010; Dueñas, 2002; Gabel, 2005). Este instrumento se basa en la evaluación por competencias, que incluye componentes adicionales a la inteligencia emocional (Gabel, 2005).

La primera de las tres teorías principales fue la de Bar-On (1988), quien, en su tesis doctoral, acuñó el término coeficiente emocional como uno análogo de coeficiente intelectual. Bar-On (1997) define su modelo en términos de cinco habilidades sociales y emocionales principales e incluye habilidades intrapersonales, habilidades interpersonales, adaptabilidad, manejo del estrés y el estado de ánimo, que en conjunto influyen en la capacidad de una persona para hacer frente eficazmente a las exigencias medioambientales (Roger & López, 2006).

Bar-On (1997) describe la inteligencia emocional como un conjunto de conocimientos y habilidades en lo emocional y social que influyen en la capacidad general del individuo para afrontar efectivamente las demandas del medio ambiente (Gabel, 2005). El modelo de Bar-On 1997-2000—inteligencias no cognitivas—lo componen cinco elementos: (a) el componente intrapersonal, (b) el componente interpersonal, (c) el componente de manejo de estrés, (d) el componente de estado de ánimo y (e) el componente de adaptabilidad y ajuste. El modelo de Bar-On (2000) de la inteligencia no cognitiva se configura de la siguiente forma:

Componente Intrapersonal

- Evalúa la auto-identificación general del individuo, la autoconciencia emocional, el ser asertivo, la autorrealización e independencia emocional, la autoconciencia, la auto-evaluación.

Componente Interpersonal
* La empatía, la responsabilidad social, las relaciones sociales.

Componente de Manejo de Emociones
* La capacidad para tolerar presiones y la capacidad de controlar impulsos.

Componente de Estado de Ánimo
* El optimismo y la satisfacción.

Componente de Adaptación-Ajuste
* Este componente se refiere a la capacidad del individuo para evaluar correctamente la realidad y ajustarse de manera eficiente a nuevas situaciones, así como a su capacidad para crear soluciones adecuadas a los problemas diarios. Incluye las nociones reprueba de la realidad y capacidad para solucionar problemas.

Estas competencias intentan explicar cómo un individuo se relaciona con las personas que lo rodean y con su medio ambiente. Por lo tanto, la inteligencia emocional y la inteligencia social son consideradas un conjunto de factores de interrelaciones emocionales, personales y sociales que influyen en la habilidad general para adaptarse de manera activa a las presiones y demandas del ambiente (Bar-On, 2000, en Gabel, 2005). Bar-On ha elaborado un instrumento para evaluar la competencia emocional y social consistente en un auto-informe llamado Emotional Quotient Inventory (EQ-i), el cual estima la inteligencia emocional y social individual, en oposición a los tradicionales rasgos de personalidad o las capacidades cognitivas (Gabel, 2005; Roger & López, 2006).

En el ámbito educativo y con poblaciones de adolescentes, los modelos de Inteligencia Emocional han sido utilizados por diferentes investigadores sociales con la finalidad de encontrar las variables y dimensiones, así como los mecanismos que puedan mejorar el bienestar personal y social (Fernández-Berrocal, Extremera & Augusto (2012; López-Villaseñor, 2012; Palomero, Salguero & Ruiz-Aranda, 2012; Sainz, Hernández, Fernández, Ferrándiz, Bermejo y Prieto, 2012; Sánchez-Núñez y Latorre-Postigo, 2012). En estas investigaciones, los modelos de Inteligencia Emocional y los instrumentos para medir las competencias intrapersonales e interpersonales fueron validados una vez más. Los resultados de estos estudios han aportado pruebas empíricas que, junto con las obtenidas a lo largo de estos 24 años, apoya la idea de que el desarrollo de la Inteligencia Emocional incrementa el bienestar y la felicidad de las personas, por un lado y por otro lado, les ayuda a afrontar, de forma más adaptativa, situaciones difíciles, incrementando la probabilidad de éxito y minimizando la de fracaso. Fernández et al. (2012) recomiendan ampliar la investigación sobre inteligencia emocional y el diseño de programas de intervención eficaces, adaptados a las necesidades y perfiles de los destinatarios del entrenamiento de las competencias socio-emocionales.

Las investigaciones sobre cómo el liderazgo de los directores puede beneficiarse con el dominio de las competencias de la Inteligencia Emocional ha sido abundante a nivel internacional. No así en el caso de Puerto Rico, que solamente se pudo acceder a unas pocas. Por ejemplo, Torres (2009) realizó un estudio con el propósito de auscultar la percepción del director vocacional sobre la inteligencia emocional y el estilo de liderazgo que posee. A su vez, los maestros plantearon la percepción que tienen de los directores sobre la inteligencia emocional y el estilo de liderazgo que estos reflejan. La muestra se constituyó con 501 participantes: 15 directores vocacionales y 486 maestros vocacionales. Los resultados reflejaron que existe similitud entre la auto-percepción del director y la percepción de los maestros con respecto al nivel de inteligencia emocional y las dimensiones del director de las escuelas vocacionales, cuando este ejerce sus funciones. La evidencia recopilada refleja que la inteligencia emocional de los directores vocacionales es moderada en su mayoría. Entre los resultados, el director vocacional se auto percibe con un nivel de inteligencia emocional moderado (93.3 %) y con el mismo nivel lo perciben los maestros (90.74 %). Además, los resultados indicaron que el director vocacional se auto percibe con un grado de efectividad bajo estilos de liderazgo (80.0 %) y con el mismo grado lo perciben los maestros (83.85 %).

En su investigación, Torres (2009) destaca tres estudios sobre Inteligencia Emocional realizados en Puerto Rico. El primero que menciona fue el estudio realizado por Cabán (2009), quien investigó cómo contribuye la Inteligencia Emocional para lidiar con la multiplicidad y la complejidad de la toma de decisiones, y cómo se manifiesta el núcleo escolar desde la percepción de los directores. Los hallazgos revelaron que las aptitudes percibidas por los directores entrevistados fueron el autocontrol, la empatía, la motivación, las habilidades para relacionarse, la comunicación, el trabajo en equipo, el aprovechamiento de las habilidades de cada persona, el arte de influenciar, el autoconocimiento y la auto-reflexión.

Por otro lado, Cintrón (2006, en Torres, 2009) hizo un estudio comparado entre la percepción de los directores y de los maestros de los estilos de liderazgo que los directores de las escuelas intermedias urbanas exhiben por medio de su conducta administrativa, y el nivel de desarrollo de la inteligencia emocional en el sistema educativo de Puerto Rico. Los resultados reflejaron que, aunque en por cientos diferentes, tanto los directores como los maestros seleccionaron los mismos estilos. Primero seleccionaron el de apoyar; seguido por el estilo de persuadir, dirigir, y, finalmente, el de delegar. El nivel de desarrollo emocional de la inteligencia emocional, ambos seleccionaron el nivel moderado. Los hallazgos dejan claramente establecido que no existen diferencias entre los directores y los maestros, en sus percepciones ante las dos variables del estudio. Los resultados obtenidos reflejan que los estilos de liderazgo que exhiben los directores de las escuelas intermedias urbanas, con su conducta administrativa, se relacionan significativamente con el nivel de desarrollo de su inteligencia emocional, según las percepciones de los maestros.

La relación entre los componentes de la inteligencia emocional y los estilos de liderazgo de los directores escolares de las escuelas elementales urbanas del Departamento de Educación de Puerto Rico fue estudiada por Vázquez (2007, en Torres, 2009). Entre las conclusiones, se presentó el componente de la inteligencia emocional denominado adaptabilidad, el cual correlacionó positivamente (p<.01) con los estilos de liderazgo de inspirar la visión y de servir de modelo. Los directores estuvieron claros que para dirigir sus escuelas deben mantener un ánimo general y unas relaciones interpersonales efectivas. El estudio reveló que los componentes de la inteligencia emocional no estuvieron directamente relacionados con los estilos de liderazgo.

Como se ha podido documentar, las escuelas cuentan con tres modelos para trabajar con los componentes de la Inteligencia Emocional. El modelo de Salovey y Mayer (2000), basado en las habilidades, se centra en las emociones y sus interacciones con el pensamiento. Los modelos mixtos de Bar-On (2000), basados en la inteligencia emocional y social y el de Goleman (2001), basado en las competencias emocionales, alternan las habilidades mentales con una variedad de otras características; sin embargo, comparten un núcleo común de conceptos básicos (Gabel, 2005). En resumen, los tres modelos comparten el postulado que la inteligencia cognitiva no es suficiente para que el individuo funcione adecuadamente con su entorno y la Inteligencia Emocional es la que complementa y establece el balance entre la inteligencia, la lógica, la emoción y las capacidades personales y sociales, tal y como lo establece Goleman (1995, en Goleman, 2004a).

Capítulo IV

INTELIGENCIA EMOCIONAL Y EL LIDERAZGO EDUCATIVO

Las diferentes leyes estatales y federales y los distintos programas curriculares han establecido la necesidad de producir estudiantes íntegros e integrados que puedan aportar al bienestar de ellos mismos y a la sociedad, de manera que, el estudiante es el foco principal del Departamento de Educación de Puerto Rico (DEPR). Bajo la *Ley 149* (1999), se establecen responsabilidades para la comunidad escolar, donde el director escolar es el encargado de promover y facilitar estas disposiciones:

1. Colaborar en el análisis y ofrecer alternativas que puedan utilizarse en la solución de problemas de la comunidad escolar.

2. Alentar la participación de los padres en la gestión educativa de la escuela.

3. Proporcionar auxilios en situaciones de emergencia.

4. Promover actividades que enriquezcan la vida de la comunidad. Ayudar a entender sus problemas y ofrecer soluciones a los mismos.

5. Identificar situaciones y/o necesidades de la comunidad que afecten la escuela.

Ante las diferentes problemáticas que enfrentan las escuelas públicas del País, hay un mandato de ley para que los líderes educativos activen sus planes para buscar soluciones a las mismas, donde involucren a todos los componentes de la comunidad escolar. Las competencias que promueve la Inteligencia Emocional, bajo los diferentes modelos diseñados, pueden contribuir a obtener estrategias que propicien un programa de alfabetización emocional a los estudiantes y a todos los componentes de la comunidad de aprendizaje a los fines de lograr que los alumnos estudien en un clima escolar adecuado y en un ambiente social más sensible a la diversidad multicultural.

Base del Respaldo a la Inteligencia Emocional

Las competencias de Inteligencia Emocional es una estrategia que debe incorporarse o integrarse a la oferta curricular de los estudiantes en los diferentes niveles, por lo tanto no está reñida con el liderazgo educativo del director escolar. De acuerdo a Goleman (2004a), la alfabetización emocional implica un aumento del mandato que se les da a las escuelas, al tomar en cuenta la pobre actuación de muchas familias en la socialización de los niños. De acuerdo a Goleman, esta tarea exige dos cambios importantes: (a) que los maestros vayan más allá de su misión tradicional y (b) que los miembros de la comunidad se involucren más con la actividad escolar. Estos cambios implican que la alfabetización emocional amplía la visión que se tiene de la tarea que debe cumplir la escuela y la convierte en un agente más concreto de la sociedad para asegurar que los niños aprendan lecciones esenciales para la vida, lo que significa un retorno al papel clásico de la educación.

Para que la transformación sea efectiva, Goleman sugiere que se aprovechen todas las oportunidades dentro y fuera de la clase para ayudar a los niños a transformar los momentos de crisis personal en lecciones de aptitud emocional. También, funciona mejor cuando las lecciones escolares se coordinan con lo que ocurre en el hogar, de esta manera los estudiantes reciben sólidos mensajes sobre aptitud emocional desde todos los aspectos de su vida. Estas líneas de acción paralelas de refuerzo de las lecciones emocionales son óptimas. Implican relacionar la escuela con los padres y con la comunidad en un vínculo más estrecho, con el fin de que lo que aprendieron los niños en alfabetización emocional no quede relegado a la escuela (Goleman, 2004a, pp. 322-323).

La alfabetización emocional es la alternativa recomendada por Goleman para trabajar con las diferentes problemáticas que reflejan los estudiantes en sus clases. En una investigación realizada a nivel nacional, se compararon los estados emocionales entre jóvenes norteamericanos, cuyas edades iban desde los siete a los dieciséis años. De acuerdo a la evaluación de los padres y maestros, el empeoramiento era sostenido. En promedio, los jóvenes reflejaron un desempeño pobre en los siguientes aspectos:

1. Aislamiento o problemas sociales—preferencia por estar solos; tendencia a la reserva; mal humor extremo; pérdida de energía, sentimiento de infelicidad; dependencia exagerada.

2. Ansiedad y depresión—conducta solitaria, diferentes miedos y preocupaciones; necesidad de ser perfectos; sensación de no ser amados; sentimientos de nerviosismo; tristeza y depresión.

3. Problemas de atención o del pensamiento—incapacidad para prestar atención o permanecer quietos; actuación sin reflexión previa; nerviosismo excesivo que les impedía concentrarse; pobre desempeño en las tareas escolares; incapacidad de pensamientos que indiquen preocupación por los demás.

4. Delincuencia y agresividad—vinculación con chicos que se involucran en conflictos, utilización de mentiras y subterfugios; marcada tendencia a discutir; demanda de atención; destrucción de las propiedades de otros; desobediencia en el hogar y en la escuela; obstinación y capricho; exceso de charlatanería; actitud burlona; temperamento acalorado.

Según Goleman, si estos problemas se toman de forma aislada, probablemente no provocan estupor, pero si se toman en conjunto, son un barómetro de un cambio, una nueva forma de toxicidad que se infiltra y envenena la experiencia misma de la infancia, representando déficits en las aptitudes emocionales y este malestar emocional parece ser el costo universal de la vida moderna. Ante este panorama desalentador, Goleman postula que la definición de escuela debe replantearse y preparar a los maestros y a la comunidad escolar en prácticas de inteligencia emocional. En sus observaciones ha podido documentar que cada vez más niños no reciben en la vida familiar un apoyo seguro para transitar por la vida, por lo tanto las escuelas pasan a ser el único lugar donde pueden volverse las comunidades en busca de correctivos para las deficiencias de los niños en la aptitud social y emocional. La escuela, por sí sola, no puede asumir el rol de todas las instituciones sociales que con frecuencia están al borde del colapso, o ya han caído en él, pero desde el momento en que todos los niños prácticamente concurren a la escuela, esta ofrece un ámbito donde se les puede brindar lecciones de vida que no podrían recibir en otra parte.

Goleman (2004a) basa sus recomendaciones en los resultados de diferentes investigaciones. Entre estas, la investigación de Greenberg y Kusche (1993), *Promoting Social and Emotional Development in Deaf Children*, en la que compararon estudiantes de primero a quinto grado entre una población de alumnos regulares con alumnos sordos y alumnos que reciben educación especial. Los resultados de la investigación fueron los siguientes: mejora de las habilidades cognitivas sociales, mejora de la emoción, el reconocimiento y la comprensión, mejor dominio de sí mismo, mejor planificación para solucionar tareas cognitivas, más reflexión antes de actuar, más eficacia en la resolución de conflictos y clima más positivo en el aula.

Otra de las investigaciones reseñadas por Goleman es *Reducing Early Childhood Aggression: Results of a Primary Prevention Program*, del Grupo de Investigación de Desarrollo Social (1992), dirigida por David Hawkins. En esta investigación se compararon escuelas con el programa de inteligencia social y con escuelas sin el programa, en la que los resultados reflejaron lo siguiente en las escuelas que ofrecían el programa: apego más positivo a la familia y a la escuela, varones menos agresivos, nenas menos destructivas, menos suspensiones y expulsiones entre alumnos de escasos logros, menos iniciación en la droga, menos delincuencia y mejores puntuaciones en pruebas corrientes de desempeño.

En la investigación de promoción de competencia social de Weissberg y colaboradores (1992, en Goleman (2004a), se hizo un estudio comparado con estudiantes de quinto a octavo grado y un grupo control y los resultados reflejaron lo siguiente: mejora de las habilidades para la solución de problemas, más compromiso con los pares, mejor dominio del impulso, conducta mejorada, popularidad y efectividad personal mejorada, habilidad para enfrentar situaciones mejorada, mayor habilidad para manejar problemas interpersonales, mejor manejo de la ansiedad, menos conducta delictiva, mejores habilidades para la resolución de conflictos.

Las investigaciones reseñadas y otras mencionadas por Goleman han evidenciado que al utilizarse las competencias de la Inteligencia Emocional en las escuelas, las conductas y las actitudes de los estudiantes han mejorado.

Asimismo, el uso de estas competencias son conductoras de mejores relaciones humanas y mejores relaciones familiares.

Programación de la Inteligencia Emocional en las Escuelas

De acuerdo al modelo de Goleman (2004b), los cinco componentes de la Inteligencia Emocional que sirven de herramienta para liderar una organización, en la que no se vea involucrada la vida emocional y afectiva de ese líder, son: autoconciencia, autorregulación, motivación, empatía y habilidades sociales. Si se adscriben estos componentes a un director líder de una escuela, la autoconciencia se puede definir como la aptitud que tiene el líder educativo para reconocer sus estados de ánimo, emociones e impulsos y la competencia de percibir los efectos que pueden tener estos estados de ánimo sobre los demás. El reconocer y aceptar esta parte anímica de su personalidad llevará a este líder a tener más confianza de sí mismo, a valorarse, a desarrollar la capacidad para reírse de sí mismo y a sentirse íntegro e integrado al llevar a cabo sus funciones. El componente de la autorregulación, por su parte, es la competencia que le permitirá a ese líder educativo a desarrollar su capacidad para redirigir los impulsos negativos o el mal humor a los fines de no tomar decisiones apresuradas y a pensar antes de tomar una acción. Esa regulación que tenga de los aspectos negativos le propiciará el sentirse cómodo ante diferentes interrogantes ambiguas y sentirse abierto al cambio.

El componente de la motivación es básico en todas las acciones que hay que trabajar en el día a día de una persona, pero en el ambiente escolar es necesario. La motivación es la que le propicia al director la pasión para trabajar en esa escuela, independientemente del sueldo o del estatus y es la que le eleva el entusiasmo para trabajar con los objetivos trazados con energía y persistencia. El director que lidera una escuela bajo las luces de la motivación desarrolla una fuerte orientación al logro y un compromiso con la escuela. Las luces de la motivación le ayudan a ser optimista, incluso en la adversidad. Esa motivación, también, le ayuda a compartir el liderazgo, a formar líderes y a retener en su escuela todo el personal que ha sido protagonista del logro de su escuela.

El componente de la empatía es la competencia que tiene un líder escolar para descifrar las emociones de las personas con las que interactúa, lo que le permite tener la habilidad para tratar a las personas en función a sus reacciones emocionales. Esta habilidad lo lleva a desarrollar una sensibilidad multicultural para rendir un mejor servicio a todos los componentes de la comunidad escolar. Un manejo efectivo interno de estos cuatro componentes se traduce a que el director muestre en su perfil el componente de la habilidad social, con el cual desarrolla la competencia de manejar las relaciones desde un punto de vista humanístico y social y la capacidad de encontrar puntos comunes y estrechar lazos. Esa habilidad social le permitirá liderar cambios en la escuela con eficacia y lo equiparará con la capacidad de llevar la visión y misión de la escuela enfocada en un liderazgo compartido por medio de la creación de equipos que involucren a todos los componentes de la comunidad escolar donde todos se responsabilicen de la meta de la escuela: la enseñanza y aprendizaje.

Es importante tener presente que el dominio de las emociones para estrechar lazos sociales efectivos no es una receta donde se acude a la farmacia y esta la despacha y ya se tiene una nueva percepción de uno mismo, se es sensible a los demás y por lo tanto, establecemos buenas relaciones con la diversidad o con las ideas divergentes. El dominio de las emociones requiere aprendizaje. El director escolar debe documentarse en cómo lograr dominar sus competencias intrapersonales e interpersonales que la Inteligencia Emocional promueve. Lo ideal sería que el Departamento de Educación de Puerto Rico tuviera en función un programa de alfabetización emocional, como lo recomienda Goleman, donde la política pública se dirigiera a desarrollar estos componentes para que todos en la comunidad escolar pudiéramos reconocer nuestras emociones, autorregular las mismas, reconocer las emociones de los demás y trabajar con los mecanismos internos para poder comunicarnos efectivamente con ellos y así propiciar ambientes escolares y sociales más efectivos.

Un programa de alfabetización emocional requiere que se establezca una visión enfocada a lograr el cambio social que requiere el ambiente escolar y la sociedad mediante el dominio de las competencias intrapersonales e interpersonales que promueven la inteligencia emocional, donde la comunidad escolar desarrolle una concienciación individual y colectiva en el manejo de las emociones que les permita convertirse en ciudadanos más sensibles hacia ellos mismos y que les ayuden a establecer unas relaciones sociales más efectivas. Visto de ese modo, la misión del Programa Educativo en Inteligencia Emocional se dirigiría a propiciar un aprendizaje social-afectivo colectivo, en la concienciación emocional, en el autocontrol, la regulación de las emociones, la motivación y la empatía que conduzcan a desarrollar las habilidades sociales que faciliten a la comunidad escolar a relacionarse bien con los demás, mediante actividades prácticas, basadas en la vida cotidiana, que promuevan cambios sustanciales en el desarrollo integral de todos los componentes de la comunidad de aprendizaje.

El programa de alfabetización emocional requiere, además, que se establezca un marco conceptual fuerte basado en las competencias de la Inteligencia Emocional y que se promulguen objetivos claros por niveles a corto y a largo alcance. Es importante, también, establecer un compromiso de País, donde se coordine con las universidades públicas y privadas ofertas de cursos en inteligencia emocional para los directores y docentes que les equipen con una base sólida en el control de sus emociones y que les beneficien el poner en práctica sus habilidades sociales con los componentes de la comunidad escolar. De igual modo, es imperativo que se desarrollen adiestramientos intensivos a toda la comunidad escolar, antes de ponerlo en acción. No se puede partir bajo los supuestos de que la formación universitaria recibida por el director o los maestros y un adiestramiento o una reunión informativa es suficiente para que un líder escolar y los docentes coordinen un programa de alfabetización emocional en las escuelas.

Lo primero que se debe hacer es desarrollar el liderazgo del director mediante simulaciones u otras técnicas. Diferentes investigaciones realizadas en Puerto Rico han documentado que las universidades no preparan a los directores en competencias de liderazgo y en los adiestramientos ofrecidos por el DEPR, no incorporan el tema del liderazgo y si lo ofrecen, estos adiestramientos no se ajustan a la realidad de los ambientes escolares. En la investigación de Flores (2013) las voces de los directores participantes compartieron lo siguiente:

Lola: ¿Cómo me ha ayudado la formación universitaria en mi experiencia como directora? Yo diría que de un 100%, un 75%. De 70 a 75% porque lo que he aprendido lo he aprendido en la práctica, en el día a día, en el trabajo en la oficina, en las reflexiones, en las situaciones, en el manejo de conflictos, eh...padres, estudiantes, maestros, informes a última hora.

Sofía: La formación universitaria puede darte una idea de cómo conducir una escuela, pero no lo es todo. Van como bien alejados de lo que es...la realidad.

Alondra: Hemos tomado varios talleres de liderazgo con varias compañías que el

Departamento contrata, pero la teoría, ellos quizás conocen y dominan perfectamente bien el tema, pero la realidad nuestra en las escuelas, el día a día, quizás ellos las desconocen para poder traernos temas o darnos alternativas y soluciones que nos ayuden a resolver las situaciones que nos enfrentamos. Todas las escuelas son distintas, los ambientes son distintos, la clientela y la matrícula que atendemos son distintas, la facultad es distinta.

Gustavo: Es que en el Departamento de Educación no he recibido ningún tipo de asistencia en liderazgo. Sí nos dieron algo administrativo de cómo funcionan las escuelas cuando uno entra nuevo a ser director que debes conocer las cartas circulares, que debes este...conocer los distintos tipos de documentos como el PCE...el Plan Comprensivo Escolar, que de eso depende los fondos federales, los fondos estatales...

Las percepciones de estos directores aportan un cuadro de cómo es la formación de un director escolar para liderar una comunidad escolar. De ahí la importancia que en un programa de alfabetización emocional se fortalezca el liderazgo del director, ya que el líder escolar será el encargado de implantarlo en la escuela.

Una vez se fortalezcan las destrezas del líder, el DEPR debe propiciar el que este director pase por adiestramientos con especialistas en Inteligencia Emocional que lo ayuden a poner en práctica los componentes de autoconciencia, autorregulación, motivación, empatía y habilidades sociales. El DEPR no puede partir de que un líder educativo aprende rápido. Trabajar con las emociones es un ejercicio que requiere práctica intensiva, porque un director escolar día a día maneja situaciones difíciles que muestran las problemáticas sociales, cónsonas con las noticias que se presentan sobre la sociedad puertorriqueña, que requieren toda la inteligencia emocional para trabajar con las mismas. En la investigación cualitativa de Flores (2013), uno de sus objetivos fue determinar el dominio que tienen los directores escolares sobre las competencias intrapersonales e interpersonales de la inteligencia emocional. Una de las situaciones que trajo una de las directoras participantes fue la siguiente:

> Alondra: Yo tengo una diversidad social dentro de la escuela, por ser una escuela elemental. Y yo entiendo que tanto para mis maestros como para mí y para todo el personal ese ha sido nuestro mayor reto y nuestra tarea más difícil. Cuando nosotros tratamos de orientar a nuestros niños y niñas hacia lo que nosotros entendemos que son los valores, a lo que es lo que está correcto, a lo que es dirigirlos hacia un futuro exitoso y ver que muchas veces la misma crianza, sus mismos padres nos limitan y nos dicen: "No, Mrs., no me importa, yo los quiero de esta manera y así es que yo los voy a educar". Y entonces ahí nos frustramos, nos decepcionamos y decimos cómo los puedo ayudar, si cuando nosotros tratamos de ayudarlos, los mismos padres nos

frenan y no nos dan...no nos lo permiten.

La respuesta a la interrogante que hace esta directora está en ella misma, si hubiese tomado la contestación de los padres en función a sus reacciones emocionales, como lo configura el componente de la empatía. En vez de asumir una posición conformista, debió ser más asertiva dejándole saber a los padres que en la escuela se enseñan unos valores que van a la par con la realidad en la que vivimos y de ahí partir a motivarlos a unirse a respaldar la educación de sus hijos a través de talleres que la escuela tiene programados para los padres, para que todos hablen un mismo idioma.

La situación que presentó otro de los directores participantes de esta investigación fue la resistencia de los padres a acoger el código de vestimenta para la entrada a edificios o entidades públicas. El director les envió a los padres la política pública y expuso cartelones en áreas adyacentes de la escuela donde se establecía este código de vestimenta. Sin embargo, confrontó la siguiente situación:

> Gustavo: Viene esta señora con un cochecito nuevo para kínder...y va con su escote y camisita así y le digo: "no puede entrar". La madre contesta: "Ah, es que en otras escuelas...". Le indico: "Lamentablemente aquí no". A lo que la madre contesta: "Es que yo le voy a dar una prueba". Le dije: "Deje el nene y el guardia lo lleva allí". La madre responde: "Ah, que esta es la única escuela que hay...". Ante esta reacción le indiqué: "Aquí es así y usted no puede entrar, si no le gusta,

hay una escuela más abajo, se lo lleva y lo matricula allá". Y le dije al guardia "No me la dejes entrar".

Es claro que los componentes del autocontrol y el de la autorregulación no estuvieron presentes en el manejo de esta situación. Por lo tanto no hubo empatía ni una buena habilidad social para lidiar con el cambio. En esta situación que el director tuvo que lidiar con una madre que no sigue reglas, debió intervenir sin que ella le provocara coraje y debió ser asertivo porque no debía dejarle pasar la conducta. Tenía que establecer la empatía, pero debió ser firme. Debió educarla, pero no podía esperar que a ella le agradara el límite de la regla. Cuando el director le contestó que si no le gustaba que se fuera a otra escuela, pudiera entenderse que su molestia no le permitió analizar la situación a la luz de las emociones de la madre y por lo tanto lo lleva a una postura autoritaria en vez de asertiva, en otras palabras, se dejó llevar por la emoción. Si se hubiese mantenido firme, pero empático pudiera haberle dicho: "Yo me imagino su molestia e incomodidad, pero déjeme contarle por qué es importante que usted se una al esfuerzo que hacemos por mantener el orden en esta escuela. Aquí llegan niñas que si la ven que yo le permito a usted entrar, esas niñas se agarrarían de eso para entonces ellas no seguir las reglas".

Estas son dos situaciones que ilustran las experiencias que vive una comunidad escolar que requiere un dominio de las competencias intrapersonales e interpersonales en la búsqueda de correctivos que propicien un autocontrol emocional del líder a los fines de tomar decisiones adecuadas en el manejo de las mismas. Los directores participantes del estudio de Flores (2013) no habían tomado un curso universitario en inteligencia emocional, ni tampoco habían participado en talleres profesionales de esta naturaleza, por lo tanto no podían dominar estas competencias, lo que demuestra la importancia que tiene para un director recibir esta formación.

El programa de alfabetización emocional requiere, además, clarificar el concepto escuela de la comunidad, en términos de los actores que la forman. En varias investigaciones se ha podido documentar que los directores no tienen claro este concepto. Unos directores lo asocian con los maestros, otros con los padres, otro con los vecinos y se ha dado el caso en que han excluido a los estudiantes como parte de la comunidad escolar. Uno de los principios básicos de la *Ley 149* (1999) establece que las escuelas pertenecen a la comunidad y a las comunidades que sirven y estas deben participar en su gobierno. Pero ¿cómo puede un director de escuela cumplir con este mandato de ley si no ha recibido formación en liderazgo compartido o distribuido? El liderazgo distribuido es el que está asociado a este mandato de ley. La interrogante es ¿cuán exitosa pueden llegar a ser esas escuelas si los directores dominaran los contenidos de los diferentes estilos de liderazgo y de las competencias que promueve la Inteligencia Emocional para lograr los cambios que necesitan los ambientes escolares y por transferencia, la sociedad? De ahí debe partir, el plan de acción para que todos los componentes de la escuela sean adiestrados intensivamente, con especial interés a los maestros y a los padres de los estudiantes.

El óptimo desarrollo de un programa de alfabetización emocional se da cuando comienza tempranamente, cuando es apropiado a cada edad, se le da seguimiento a lo largo de toda la etapa escolar y aúna los esfuerzos de la escuela con los de los padres y los de toda la comunidad. Uno de los obstáculos que menciona Goleman (2004a), en la implementación de este programa, puede ser la renuencia de los padres, ya que estiman que el tema es demasiado personal para ser manejado por la escuela. Por otro lado, los maestros pueden sentirse demasiado incómodos ante estos temas como para enseñarlos y todos necesitan de un adiestramiento especial. También, algunos estudiantes se resistirán, especialmente, en la medida en que estas clases no estén en sintonía con sus verdaderas preocupaciones, o las sientan como intromisiones en su intimidad.

Goleman recomienda, además, el mantener el nivel de calidad porque ante un programa nuevo, pueden surgir compañías vendiendo programas de aptitud emocional mal diseñados, que pueden repetir los desastres que surgieron, por ejemplo, en cursos mal concebidos sobre drogas y embarazos de adolescentes. De manera que, estas son previsiones que se deben tomar en consideración en el momento de programar esta alternativa. También, es importante hacer un análisis de las barreras que expone el campo de las investigaciones hechas en Puerto Rico que afectan el proceso de enseñanza aprendizaje y el liderazgo escolar y buscar alternativas para reducirlas o eliminarlas. En un análisis somero se puede observar que las barreras del liderazgo educacional se enmarcan en una pobre formación tanto universitaria como en talleres de desarrollo profesional; exceso de funciones y poco personal de apoyo lo que le duplica las funciones y los directores confrontan, entonces, problemas con el manejo del tiempo, ninguna inherencia para nombrar, amonestar, o despedir a los docentes; falta de recursos fiscales a tiempo, problemas de planta física, salidas a reuniones, entre otros. Estas barreras han provocado que el director se centre en tareas de representación y administración y el liderazgo educativo se deja rezagado. Lo que es indicativo que el trabajo cotidiano del director se caracteriza por atender lo urgente, o como se indica en el argot castellano "apaga fuego", en detrimento de lo esencial que es el proceso de enseñanza aprendizaje. Pero no es para menos, con tantas funciones que tiene un director escolar y con poco o ningún personal de apoyo, lo que falta es que le pongan la marca del carimbo. Este es un factor que debe ser trabajado. Por lo menos en el proceso de implantar un programa de alfabetización emocional, es necesario que el líder escolar se dedique a ser un facilitador de la docencia al 100%.

Desde que el concepto de Inteligencia Emocional impactó de manera creciente, las escuelas han sentido la necesidad de abordar el tema mediante propuestas curriculares. Roger y López (2006) se dieron a la tarea de evaluar varias propuestas y encontraron lo siguiente: gran amplitud de objetivos en los programas de intervención; se consideran una diversidad de contenidos y actividades; y falta de precisión en los resultados obtenidos con la aplicación de los programas. Para evitar estas situaciones, Roger y López (2006) recomiendan que es importante tomar ciertas consideraciones respecto al desarrollo, implantación y los programas de intervención, tales como:

* Ajustarse a un marco conceptual sólido— La intervención debe tomar como punto de partida una definición clara y coherente de lo que se entiende por inteligencia emocional y precisar las diferentes dimensiones que se tendrán en cuenta.

* Especificar los objetivos ajustándolos a las dimensiones de la inteligencia emocional que se consideren—Los objetivos deben apuntar a favorecer tres mecanismos básicos: (a) establecimiento de las relaciones de apego, pues con base a esta primera tarea evolutiva, se construyen las primeras matrices de las relaciones sociales, la seguridad básica y la forma de responder al estrés; (b) el establecimiento de la autonomía y la motivación de eficacia, que permite el desarrollo de la capacidad para relacionarse con otros adultos y adaptarse a nuevas situaciones de forma autónoma y (c) el desarrollo de las habilidades sociales más sofisticadas a partir de la interacción con los iguales (Díaz, 1990). De la misma manera, es importante que se establezcan una serie de objetivos y que se vayan alcanzando

progresivamente las competencias en cada una de estas tareas críticas, pues existe una estrecha vinculación entre cada una.

- Contenido y actividades — estos programas deben integrarse al currículo escolar para reforzar la acción de la escuela en la vida práctica y cotidiana de los estudiantes. De ahí que, en lugar de crear clases especiales para la enseñanza de competencias emocionales, puede resultar más apropiado trabajar contenidos emocionales en las diferentes acciones académicas de la escuela. Además, se requiere que los programas contemplen una variedad de contextos a los efectos de facilitar la práctica y la generalización de diferentes dominios de las habilidades emocionales que se vayan desarrollando.

- Aprendizaje cooperativo — Constituye un recurso educativo de gran utilidad para promover el cambio de actitudes y de pensamientos estereotipados. Contribuye de modo decisivo a objetivos como la mejora de la autoestima y el aprendizaje de distintas perspectivas sobre un mismo asunto. También fomenta el interés por las opiniones de los demás. Es una de las estrategias básicas para trabajar en contextos heterogéneos, pues ha sido comprobada su eficacia para el aprendizaje, tanto de competencias sociales, como de habilidades de comparación. Además, proporciona relevantes ventajas de tipo cognitivo al posibilitar oportunidades de enseñanza a los compañeros, atención individualizada, aplicación de fuentes de información, aprendizajes observables, entre otras.

- Evaluación—Es bien importante que la aplicación de estos programas siga un diseño que permita la valoración precisa de los resultados obtenidos, basados a algunos de los instrumentos fiables derivados de investigaciones científicas sobre la inteligencia emocional.

Una vez los directores y los maestros estén certificados en el dominio de las competencias adscritas a la Inteligencia Emocional, entonces, el sistema educativo puede establecer un programa de alfabetización emocional. Es recomendable que se haga un proyecto piloto intercalado en las ofertas curriculares de los estudiantes en algunas escuelas públicas, a los fines de evaluar cómo se perfila y establecer los cambios necesarios para entonces propiciarlo en todas las escuelas a los fines de lograr el cambio que necesita la sociedad de una sana convivencia. En la programación, se debe utilizar un modelo guía.

El modelo que hemos diseñado tiene sus bases en las investigaciones realizadas a nivel internacional, las cuales han mostrado que el desarrollo de las competencias que promueve la Inteligencia Emocional en los ambientes escolares ha producido cambios significativos en las conductas y en las actitudes de los estudiantes. De la misma manera, el campo de la investigación documenta que el dominio de estas habilidades mejoran las relaciones humanas y se fortalecen los lazos familiares. El diseño del modelo recoge cinco áreas: la visión, la misión, el marco conceptual, los objetivos y las actividades.

MODELO EDUCATIVO SOBRE INTELIGENCIA EMOCIONAL

(MESIE)

Visión—La visión de un programa de alfabetización emocional debe dirigirse a lograr el cambio social que requiere el ambiente escolar y la sociedad mediante el dominio de las competencias intrapersonales e interpersonales que promueven la inteligencia emocional, donde la comunidad escolar desarrolle una concienciación individual y colectiva en el manejo de las emociones que les permita convertirse en ciudadanos más sensibles hacia ellos mismos y que les ayuden a establecer unas relaciones sociales más efectivas.

Misión—Un programa de alfabetización debe encaminarse a propiciar un aprendizaje social-afectivo colectivo, en la concienciación emocional, en el autocontrol, la regulación de las emociones, la motivación y la empatía que conduzcan a desarrollar las habilidades sociales que faciliten a la comunidad escolar a relacionarse bien con los demás, mediante actividades prácticas, basadas en la vida cotidiana, que promuevan cambios sustanciales en el desarrollo integral de todos los componentes de la comunidad de aprendizaje.

Modelo MESIE (continuación)

Marco Conceptual — El marco conceptual del programa de alfabetización emocional debe tomar sus bases en los componentes de la Inteligencia Emocional (autoconciencia, autorregulación, motivación, empatía y habilidades sociales) y fundamentado en el constructivismo social basado en el contexto socio-cultural del aprendiz desarrollado por Vygotsky (1978). El aprendizaje, más que un proceso de asimilación-acomodación, es un proceso del saber exterior que hace posible una ampliación de las competencias individuales. La interacción social es el origen y el motor del aprendizaje.

Objetivos — El objetivo general de un programa debe dirigirse a impactar la política educativa de las escuelas con las competencias que promueve la Inteligencia Emocional con el fin de mejorar la calidad de las relaciones sociales-afectivas de la comunidad escolar, donde se consideren los siguientes objetivos específicos:

1. Promover la visión y la misión de la estrategia inteligencia emocional mediante un trabajo en equipo donde todos los componentes de la comunidad escolar aprendan y formen parte del proceso de cambio de actitudes que mejoren el control de las emociones en las diferentes situaciones que se les presentan en su vida diaria que propicien un logro compartido.

Modelo MESIE (continuación)

2. Propiciar que la comunidad escolar reconozcan sus emociones y las acciones que estas producen, que los conduzcan a determinar sus fortalezas y debilidades y a establecer cuáles son las capacidades que describen su personalidad.

3. Desarrollar destrezas en la comunidad escolar en el autocontrol de las emociones negativas y que esas destrezas le facilite el tomar la iniciativa de darle una dirección positiva conducente a lograr una satisfacción interna de excelencia.

4. Promulgar en la comunidad escolar actitudes sociales inspiradoras, mediante la comunicación efectiva, el manejo de conflictos y el liderazgo colectivo que propicien la iniciación y el manejo del cambio de perspectivas para abordar las situaciones de la vida cotidiana, en unas relaciones humanas adecuadas.

5. Evaluar los resultados del desarrollo de los objetivos trazados con instrumentos establecidos para medir la inteligencia emocional a los fines de promover el uso continuo de aquellas actividades que propiciaron logros efectivos y analizar el enfoque de aquellas que no produjeron logros.

Modelo MESIE (continuación)

Actividades—Las actividades deben contemplarse en la formación de los directores, los docentes y de la comunidad escolar, en el marco curricular, y en la evaluación.

Actividades de Formación

1. Coordinar con las universidades públicas y privadas el aumento de la oferta curricular con cursos de Inteligencia Emocional.
2. Adiestramientos intensivos a los directores y a los docentes por profesionales que dominen las competencias.
3. Divulgar el programa a toda la comunidad escolar y establecer en agenda los días en que los demás componentes de la comunidad escolar recibirá los talleres de formación.

Actividades para Enriquecer las Materias del Currículo

1. Sondeo de la disponibilidad de recursos humanos de apoyo, adicionales al director escolar y a los docentes para facilitar la participación de todos los estudiantes en las habilidades intrapersonales e interpersonales.

Modelo MESIE (continuación)

2. Enmendar todos los marcos curriculares para enriquecer y adaptar los currículos y el proceso de enseñanza y aprendizaje con lecciones de los componentes de la inteligencia emocional.

3. Diseñar estrategias prácticas y motivadoras donde los estudiantes puedan estar conscientes de sus emociones, las puedan autorregular, se sientan motivados por estos ejercicios y logren desarrollar la empatía necesaria que les propicien establecer unas habilidades sociales efectivas.

4. Promocionar el liderazgo estudiantil.

Actividades de Evaluación—La evaluación del programa de alfabetización requiere que el sistema educativo utilice un instrumento que esté debidamente validado en medir los componentes de la inteligencia emocional, por lo tanto el Emotional Competence Inventory 2.0 (ECI, 2.0) de auto-reporte es el que propicia esta evaluación. Sin embargo, a nivel de escuela, el líder educativo y los docentes pueden utilizar cuestionarios, entrevistas, listas de cotejo, observaciones. Estos criterios de evaluación se le deben hacer a todos los componentes de la comunidad escolar que hayan participado del programa.

En ausencia de un programa tan importante en las escuelas públicas de Puerto Rico, el DEPR puede propiciar los adiestramientos a los directores y una vez estén certificados, que estos se encarguen de la formación de la comunidad escolar. No obstante, es importante que se prepare el material didáctico que se utilizará en esos adiestramientos, debidamente asesorados por expertos en Inteligencia Emocional. El tiempo de duración debe ser de 6 meses a 1 año. Los adiestramientos deben ser ofrecidos por psicólogos, expertos en Inteligencia Emocional y/o especialistas educativos que dominen las competencias intrapersonales e interpersonales en que se basa la Inteligencia Emocional. El contenido debe ser formativo y práctico. En la parte formativa, puede ofrecerse en una plenaria con los directores, pero la práctica debe ser con grupos pequeños, para que cada director participante cree la introspección de las nuevas competencias. Una vez, los directores hayan recibido el adiestramiento intensivo en las competencias intrapersonales, deben desarrollarse las competencias interpersonales que deben dirigirse de acuerdo al orden de las necesidades de cada escuela. Como se ha podido documentar, las necesidades prioritarias son toma de decisiones, trabajo en equipo, motivación, empatía, entre otros.

Como de esta formación va a depender el cambio social que pide la sociedad, otra alternativa es coordinar con las universidades cursos de educación continua a maestros y directores, los cuales deben ser requisito. Esta alternativa puede contemplarse, si el DEPR, o su representante, entienden que los adiestramientos puede afectar la dirección de las diferentes escuelas por los horarios en que se desarrollen los adiestramientos. De contemplarse como educación continua, la formación a desarrollarse debe considerar las sugerencias indicadas para los ofrecimientos de talleres, dejándose guiar por el modelo MESIE.

En los últimos años, muchas personas, que trabajan en empresas, se han visto obligadas a actuar con autonomía, a derivar sus propias conclusiones, cuestionar las cosas difíciles y correr el riesgo de fracasar a fin de desarrollar capacidades para el éxito futuro. Estas son las destrezas que piden las organizaciones y las escuelas que aprenden. Las escuelas que adiestren a los alumnos para obedecer y seguir las reglas sin cuestionarlas, no los preparan para el mundo que les tocará vivir (Senge et al., 2006). Para hacer frente a los problemas y presiones que se encuentra la escuela del Siglo XXI, Senge y colaboradores (2006) recomiendan cinco disciplinas que pueden ayudar a lidiar con estas situaciones:

- Dominio personal — Esta es la práctica de crear una imagen coherente de su visión personal, el resultado que anhela obtener en la vida, junto con una evaluación objetiva de la actual realidad de su vida. Esto produce una especie de tensión interior que, si se cultiva, puede ampliar su capacidad de tomar mejores decisiones y alcanzar más de los resultados que busca.

- Visión compartida — Esta disciplina compartida fija un común propósito. Los que tienen un propósito común aprenden a alimentar un sentido de compromiso en un grupo u organización desarrollando imágenes compartidas del futuro que buscan crear y guías que les ayuden a llegar a esa meta. Una escuela o comunidad que espere vivir aprendiendo necesita un proceso común de visión compartida.

- Modelos mentales—Esta disciplina de reflexión e investigación se enfoca en desarrollar conciencia de actitudes y percepciones, las de uno mismo y las de sus compañeros. Trabajar con modelos mentales también puede ayudar a definir más clara y honradamente la realidad corriente. Puesto que en educación la mayoría de tales modelos suelen ser indiscutibles y están ocultos, un acto crítico de la escuela que aprende consiste en desarrollar la capacidad de hablar sin peligro y productivamente sobre temas delicados.

- Aprendizaje en equipo—Esta es una disciplina de interacción en un grupo. Con técnicas como el diálogo y la discusión, grupos pequeños de personas transforman su criterio colectivo y aprenden a movilizar sus energías para alcanzar metas comunes y desarrollar una inteligencia y una capacidad mayores que la suma de los talentos individuales de sus miembros. Aprendizaje en grupo se puede fomentar en el salón de clases, entre padres y maestros, entre miembros de la comunidad y en los grupos piloto que trabajan por el cambio escolar.

- Pensar en sistemas—En esta disciplina se aprende a entender mejor la interdependencia y el cambio y, por tanto, a hacer frente con más eficiencia a las fuerzas que dan forma a las consecuencias de los actos. Este modo de pensar se basa en un cuerpo de doctrina cada vez mayor, sobre el comportamiento de la retro-información y la complejidad: tendencias básicas de un sistema que a la larga llevan al crecimiento o a la estabilidad. Técnicas tales como diagramas de flujo, arquetipos de sistemas, laboratorios de aprendizaje y simulaciones ayudan al estudiante a entender mejor las materias que estudian.

Estas disciplinas son cónsonas a las competencias de Inteligencia Emocional, las cuales son esenciales para producir el cambio social que requiere el País, el cual es apremiante. Si el Sistema Educativo de Puerto Rico realmente quiere impactar con un cambio esencial en la sociedad he aquí una alternativa a analizar, la cual puede ser objeto de discusión en foros educativos que trabajan hacia esos fines como lo es el comité que actualmente trabaja con las enmiendas al Plan Decenal, establecidas por la Cámara de Representantes en el Sustitutivo de la P. de la C. 1032, en su tercera sesión ordinaria el 1 de mayo de 2014. Este Proyecto de la Cámara es claro al presentar que en la participación ciudadana, hay una preocupación genuina por la educación y por la sociedad cuando en la Exposición de Motivos declara:

> Una vez configurada esta perspectiva (Plan Decenal), esta se traducirá en un conjunto de acciones y metas que responderán a la voluntad del pueblo. De esta manera, se establece un mecanismo para que surja un proyecto encaminado hacia una reforma educativa verdaderamente integral, donde se

tomen en cuenta y se evalúen las opiniones de todos aquellos interesados en el futuro del sistema educativo público y del país. Este esfuerzo conjunto persigue encaminar nuestro sistema educativo hacia nuevos senderos por conquistarse y desarrollar así ofrecimientos más equitativos y eficientes para todos los ciudadanos. Asimismo, un acuerdo responsable que consolide la participación de los ciudadanos junto al compromiso y al deber constitucional que tiene el Gobierno para con la educación será un ente catalizador para una novedosa transformación que impacte positivamente el desarrollo político, social, económico y cultural del país a corto, mediano y a largo plazo.

Ese esfuerzo de País tiene en la Inteligencia Emocional una base sólida en la transformación de todas las esferas de Puerto Rico. Por lo tanto, es importante promover un programa de alfabetización emocional donde todos se beneficien del mismo, en pro del bienestar social. Goleman plantea que una de las razones para que los estudiantes no tengan esta habilidad básica es que esta sociedad no se ha molestado en asegurarse de que todos los niños cuenten con la enseñanza que les facilite lo esencial en el manejo del enojo o en la solución positiva de los conflictos, ni en enseñar empatía, control de los impulsos, ni ninguno de los fundamentos de aptitud emocional y han permitido que los niños aprendan esto por su cuenta, lo cual no los ayuda a su madurez emocional.

Este planteamiento sugiere, entonces, que el Gobierno, como encargado de establecer la política pública, el Sistema Educativo, con la responsabilidad de promover la misma y las escuelas, con el deber de implantarla, a través de sus líderes escolares y sus docentes, tienen en las competencias que promueve la Inteligencia Emocional una alternativa de cambio para buscar soluciones a las crisis sociales que han impactado los ambientes escolares. El líder educativo tiene un papel activo en este proceso para propiciar el desarrollo de los maestros, el de los estudiantes y el de toda la comunidad para lograr transformar la sociedad. Cuando el líder educativo contribuye al desarrollo de las personalidades de los estudiantes y el de todos los componentes ayuda, a su vez, a transformar la sociedad hacia la búsqueda de la paz y unión mundial.

Referencias

Aragunde, R. (2008). Mensaje del Secretario sobre el Perfil del director de escuelas del Departamento de Educación Pública de Puerto Rico. Accedido en www.de.gobierno.pr

Arensdorf, J., & Andenoro, A. (2009, Fall). Engaging Millennial Students in Leadership Education. *Educational Considerations, 37*(1), 19-24.

Banuchi, R. (2013, abril 17). A ciegas el manejo de casos de "bullying" en las escuelas. Accedido en: http://www.primerahora.com/noticias/puertoricotaciegaselmanejodecasosdebullyingenlasescuelas-913018/

Bar-On, R. (2000). *Emotional and social intelligence. Insights from the emotional quotient inventory.* San Francisco, CA: Jossey Bass.

Bass, B. M. (1985). *Leadership and performance beyond expectation.* New York, NY: Free Press.

Bass, B. M. (1990). *Theory, research and managerial applications.* New York: The Free Press.

Bolívar, A. (2008, octubre 22-24). Otra alternativa de innovación: Las comunidades profesionales de aprendizaje. *Educar, innovar para la transformación social.* XIII Congreso de UECOE. Gijón, España: Universidad de Granada.

Castillo, A. (2005a). Liderazgo administrativo: Reto para el director de escuelas del siglo XXI. *Cuaderno de Investigaciones en la Educación*, Núm. 20. Río Piedras, PR: Centro de Investigaciones Educativas, Facultad de Educación. Universidad de Puerto Rico.

Castillo, A. (2005b). La inclusión en las comunidades de aprendizaje: Reto para el administrador escolar. *Cuadernos de Investigación en la Educación.* Río Piedras, PR: Universidad de Puerto Rico.

Castillo, A., & Piñeiro, O. (2006). Cambio de roles de los directores de escuela en Puerto Rico. *Cuaderno de Investigación en la Educación*, Núm. 21, 71-90. Río Piedras, PR: Centro de Investigaciones Educativas. Universidad de Puerto Rico.

Chiavenato, I. (2002). *Gestión del talento humano.* Mexico: Mc Graw Hill.

Claudio, C. (2005). Cualidades del director líder de la escuela exitosa puertorriqueña. *El Sol*, XLIX (3), 27-30. Revista Oficial de la Asociación de Maestros de Puerto Rico.

Craig, J. (2008). *The relationship between the emotional intelligence of the principal and teacher job satisfaction.* Doctoral Dissertation. University of Pennsylvania. UMI Number: 3310476.

Danvila, I. & Sastre, Miguel A. (2010). Inteligencia emocional: Una revisión del concepto y líneas de investigación. *Cuadernos de Estudios Empresariales,* Vol. 20: pp.107-126. Madrid, España: Universidad Complutense.

DeFranco, J., & Golden, N. (2003). *Educational Leadership Improvement Tool.* Oregon: Center for Educational Policy Research. University of Oregon. pp. 3-18.

Diez, E., Calvo, A., & Díaz, F. (2004). La construcción de la teoría del cambio organizativo. I Congreso Internacional Patrimonio, Desarrollo Rural y Turismo en el Siglo XXI- Osuna.

Dueñas, M. (2002). *Importancia de la inteligencia emocional: Un nuevo reto para la orientación educativa.* Madrid, España: Universidad Nacional de Educación a Distancia.

Estado Libre Asociado de Puerto Rico. (2014). Cámara de Representantes. Sustitutivo de la Cámara al P. de la C. 1032. San Juan, PR: Autor.

Estado Libre Asociado de Puerto Rico. (2004). Departamento de Educación de Puerto Rico. Manual de Procedimientos Educación Especial. San Juan, PR: Talleres de Artes Gráficas del DEPR.

Estado Libre Asociado de Puerto Rico. (2013). Departamento de Educación de Puerto Rico. Carta Circular Núm. 1—2013-2014, Procedimiento Especial de Reclutamiento y Selección de los Directores de las Escuelas de la Comunidad. San Juan, PR: Autor.

Estado Libre Asociado de Puerto Rico. (2014). Departamento de Educación de Puerto Rico. División de Planificación y Desarrollo Educativo. Estadísticas por cinco años sobre Deserción Escolar en las Escuelas Públicas de Puerto Rico.

Estado Libre Asociado de Puerto Rico. (2012, mayo 3). Departamento de Salud de Puerto Rico. Instituto de Ciencias Forenses. Estadísticas de Suicidio en Puerto Rico.

Estado Libre Asociado de Puerto Rico. (2012-2013). Departamento de Salud de Puerto Rico. Oficina de Planificación y Desarrollo Educativo. Equipo de Estadísticas y Análisis de Datos.

Estado Libre Asociado de Puerto Rico. (1996). *Ley 51 del 7 de junio de 1996*. Ley para garantizar la prestación de servicios educativos integrales para personas con impedimentos.

Estado Libre Asociado de Puerto Rico. (1999). *Ley 149 del 30 de junio de 1999*. Ley Orgánica del Departamento de Educación Pública de Puerto Rico. Director de escuela: Función, Artículo 2.13.

Estado Libre Asociado de Puerto Rico. (2012). *Ley Núm. 213 del 26 de agosto de 2012*. Ley Habilitadora para el Desarrollo de la Educación Alternativa de Puerto Rico.

Estado Libre Asociado de Puerto Rico. (2013). Policía de Puerto Rico. División de Estadísticas de la Criminalidad sobre Asesinatos. San Juan, PR.

Estado Libre Asociado de Puerto Rico. (2013). Policía de Puerto Rico. División de Estadísticas de la Criminalidad sobre Suicidios. San Juan, PR.

Estado Libre Asociado de Puerto Rico. (2013). Policía de Puerto Rico. División de Violencia Doméstica. San Juan, PR.

Estado Libre Asociado de Puerto Rico. (2014). Policía de Puerto Rico. División de Estadísticas de la Criminalidad sobre Asesinatos. San Juan, PR.

Estado Libre Asociado de Puerto Rico. (2014). Policía de Puerto Rico. División de Estadísticas de la Criminalidad sobre Suicidios. San Juan, PR.

Estado Libre Asociado de Puerto Rico. (2014). Policía de Puerto Rico. División de Violencia Doméstica. San Juan, PR.

Fernández-Berrocal, P., Extremera, N., & Augusto, J. (2012). Inteligencia emocional: 22 años de avances empíricos. *Behavioral Psychology/Psicología Conductual, 20*(1), 5-13.

Flores, B. (2013). *Prácticas en el liderazgo educativo y la inteligencia emocional: Una alternativa ante los retos sociales en las escuelas públicas de Puerto Rico.* Disertación Doctoral. Gurabo, PR: Universidad del Turabo. Escuela de Educación. UMI3601297.

Fundación Flamboyán. (2010). *¿Quiénes dirigen las escuelas públicas en Puerto Rico?* Un perfil de directores escolares. Resumen Ejecutivo. Accedido en: www.flamboyanfoundation.org.

Gabel, R. (2005). *Inteligencia emocional: Perspectivas y aplicaciones ocupacionales.* Investigación doctoral en Administración y Dirección de Empresas. Lima, Perú: Universidad ESAN. Documento de Trabajo Núm. 16.

García, M. (2011). Liderazgo transformacional y la facilitación de la aceptación al cambio organizacional. *Pensamiento Psicológico, 9*(16). Cali, Colombia: Pontificia Universidad Javeriana.

Gardner, H. (1983). *Frames of minds: The theory in practice.* New York: Basic Books.

Glickman, C., Gordon, S., & Ross-Gordon, J. (2001). *Supervision and instructional leadership.* (5th ed.). Needham Heights, MA: Allyn and Bacon/Longman Publishing.

Goleman, D. (1995). *Emotional Intelligence.* New York: Bantam Books. ISBN: 978-0553095036.

Goleman, D. (1998). *La inteligencia emocional en la empresa.* (1ra ed.). España: Janier Vergara Editor.

Goleman, D. (2004a). *La Inteligencia Emocional.* Barcelona, España: Ediciones B.S.A.

Goleman, D. (2004b, octubre). ¿Qué hace un líder? *Harvard Business Review.* Harvard Business School Publishing Corporation. pp. 1-10.

Goleman, D. (2006). *Social Intelligence.* New Cork, NY: Bantam Books.

González, M. (2011). *Estilo de destrezas de liderazgo y el cumplimiento con la misión profesional de cuidado farmacéutico en Puerto Rico, según la percepción de estos, para la práctiva profesional de farmacia en el Siglo XXI.* Disertación doctoral. Gurabo, Universidad del Turabo. UMI3478209.

Leithwood, K. (2009). *¿Cómo liderar nuestras escuelas?* Santiago de Chile: Impresos Salesianos.

Leithwood, K., Harris, A., & Hopkins, D. (2008). Seven strong claims about successful school leadership. *School Leadership and Management, 28*(1), 27-42.

Kotter, J. P. (1990). *A force for Change: How leadership differs from management,*

Instituto de Capacitación Administrativa y Asesoramiento a Escuelas. (2008). *Perfil del director de escuela del Departamento de Educación Pública de Puerto Rico.* San Juan, PR: Autor.

Martínez, B. (2012). *Funciones del superintendente de escuelas de Puerto Rico según la ley no child left behind y su desarrollo como líder instruccional.* Disertación doctoral. Gurabo, PR: Universidad del Turabo. UMI3511529.

Meléndez Nazario, M. (2000). *La percepción de los maestros acerca de las características que poseen los directores efectivos y. Las características de un líder efectivo.* Tesina de Maestría. Gurabo, PR: Universidad del Turabo, Escuela de Educación. LB 2831 .93 .M45 2000.

McEwan, E. K. (2003). Instructional Leadership. *7 Steps to Effective Instructional Leadership.* United States of America: Corwin Press.

Ortega, J. (2012). *¿Héroes de papel o de acción? Implicaciones del Liderazgo Instruccional de los directores en el aprovechamiento académico de los estudiantes.* Disertación Doctoral. Gurabo, PR: Universidad del Turabo, Escuela de Educación. UMI3511629.

Peterson, K. D. (2002). *The professional development of principals: Innovations and opportunities.* MD: Young Edition.

Polanco, T. (2011, noviembre 1). Psiquiatras reaccionan ante crisis de salud mental en Puerto Rico. Accedido en:

http://www.elnuevodia.com/siquiatrasreaccionanan-tecrisisdesaludmentalenpuertorico-1109872.html

Portal del DEPR. (s.f.). Estadísticas años escolares 2006-2007, 2007-2008, 2008-2009, 2009-2010, 2010-2011 y 2011-2012, 2013-2014. Accedido en: http://www.de.gobierno.pr

Quintero, A. (2010). Características que comparten un grupo de escuelas exitosas en Puerto Rico. Fundación Flamboyán. Accedido en: http://flamboyanfoundation.org/wp/wp-content/uploads/2011/06/Caracteristicas-que-Comparte-un-Grupo-de-Escuelas-Exitosas-en-Puerto-Rico.pdf

Ramos, I. (2005). Liderazgo Didáctico. *Cuadernos de Investigación en la Educación.* Río Piedras, PR: Universidad de Puerto Rico.

REICE. (2009). Prácticas de liderazgo directivo y resultados de aprendizaje, hacia conceptos capaces de guiar la investigación empírica. *Revista Iberoamericana sobre calidad, eficacia y cambio en educación, 7*(3), 21-33. Chile: Centro de Estudios y Prácticas en Educación. Accedida en: http://www.rinace.net/reice/numeros/arts/vol7num3/art2.pdf

Rifkin, J. (2000). *La era del acceso, la revolución de la nueva economía.* Barcelona España: Ediciones Paidós Ibérica, S. A.

Ríos, M. T. (2012). *Escuelas Efectivas en Puerto Rico.* Puerto Rico: Publicaciones Puertorriqueñas.

Rivera, A. (2012, febrero 4). En Escalada el Acoso Escolar. Accedido en: http://www.elnuevodia.com/enesacaladaelacososescolar-1182238.html

Robbins, S. P. (2009). *Comportamiento Organizacional.* (13ra ed.). México: Pearson Prentice Hall.

Roger, S. & López, G. (2006). Propuestas y Alternativas para la Educación Emocional. *Revista Panamericana de Pedagogía.* México: N8. pp. 17-62. Accedido en: http://dialnet.unirioja.es/servlet/articulo?codigo=2796746

Rodríguez, J. (2001). *La estructura de la administración crítica: Una interpretación dialéctica.* San Juan, PR: Ediciones Abacoa.

Rubino, A. (2007). Desafíos de la gerencia y el liderazgo de la educación superior. *Investigación y Postgrado,* 22(2), p. 152.

Ruiz, L. E. (2010). *El Líder Educativo: Características y Prácticas para Desarrollar Comunidades de Aprendizaje.* Disertación doctoral. Río Piedras, PR: Universidad de Puerto Rico. UMI3417979.

Salovey, P., & Mayer, J. (1997). *Educational development and emotional intelligence.* (1ra ed.). New York: Basic Books. ISBN: 978-0465095872.

Semprún, R., & Fuenmayor, J. (2007). Un genuino estilo de liderazgo educativo ¿Una realidad o una ficción institucional? *Revista de Educación, 13*(023), 359. Venezuela: Laurus.

Senge, P. (2002). *Escuelas que Aprenden*. (1ra edición en castellano). Manual de la quinta disciplina para educadores, padres de familia y todos los que se interesan en la educación. Bogotá, Colombia: Editorial Norma.

Senge, P., Cambron-McCabe, N., Lucas, T., Smith, B., Dutton, J., & Kleiner, A. (2006). *Escuelas que Aprenden*. Un manual de la Quinta disciplina para educadores, padres de familia y todos los que se interesen en la educación. Colombia: Grupo Editorial Norma.

Slater, C., García, J., & Nelson, S. (2008). *Los problemas de la dirección escolar y la preparación previa para resolverlos: Un estudio de directores noveles de Estados Unidos y México*. Ponencia en el XI Congreso Nacional de Investigación Educativa. Accedido en: http://www.comie.org.mx/congreso/memoriaelectronica/v11/docs/area_16/0522.pdf

Stoll, L. (2004). *Creando y manteniendo comunidades de aprendizaje profesional efectivas*. Congreso Internacional para la Efectividad y Mejora Escolar. Universidad de Londres.

Torres, M. I. (2009). *El nivel de la Inteligencia Emocional y el grado de efectividad de los estilos de liderazgo del director de las escuelas vocacionales del Departameno de Educación de Puerto Rico, según su auto percepción y percepción de los maestros.* Disertación doctoral. Ponce, PR: Pontificia Universidad Católica de Puerto Rico.

United States Government. (1990). Ley 101-336. Americans with Disabilities Act (ADA).

United States Government. (1997). *Ley 105-17.* Individuals with Disabilities Education Act (IDEA).

United States Government. (2001). *Ley 107-110.* No Child Left Behind Act.

United States Government. (2004). *Ley 108-446.* Individuals with Disabilities Education Improvement Act (IDEIA).

United States Government. (2006). Ley 109-270. Carl D. Perkins Career and Technical Education Improvement Act.

United States Government. (2009). Obama Administration's Education Reform. The White House. Accedido en: http://www2.ed.gov/news/pressreleases/2010/03152010.html

Wagner, W. (2007). The social change model of leadership. A brief overview. *Concepts & Connections, 15*(1), 8-10.

Yulk, G. (2002). *Leadership in organizations*. Upper Saddle River: Prentice-Hall Inc.

Zunni, J.L. (2011, septiembre 18). La Inteligencia Emocional es útil en tiempos de bonanza e imprescindible en tiempos de crisis. Accedido en: http://www.finanzasybanca.com/index.php/Management/la-inteligencia-emocional-es-util-en-tiempos-de-bonanza-e-imprescindible-en-tiempos-de-crisis.html